I0536080

BESTACTIVITYBOOKS.COM

PRIMERA EDICIÓN - 2022

Ilustración Gráfica Extra: www.freepik.com
Gracias a Alekksall, Starline, Pch.vector, Rawpixel.com, Vectorpocket, Dgim-studio, Upklyak, Macrovector, Stockgiu, Pikisuperstar & Freepik.com Designers

5 CONSEJOS PARA EMPEZAR

1) CÓMO RESOLVER LAS SOPA DE LETRAS

Los rompecabezas tienen un formato clásico:

- Las palabras se ocultan sin espacios ni guiones,...
- Orientación: Las palabras pueden escribirse hacia delante, hacia atrás, hacia arriba, hacia abajo o en diagonal (pueden estar invertidas).
- Las palabras pueden superponerse o cruzarse.

2) APRENDIZAJE ACTIVO

Junto a cada palabra hay un espacio para anotar la traducción. Para fomentar un aprendizaje activo, un **DICCIONARIO** al final de esta edición te permitirá comprobar y ampliar tus conocimientos. Busca y anota las traducciones, encuéntralas en el puzzle y añádelas a tu vocabulario!

3) MARCAR LAS PALABRAS

Puedes inventar tu propio sistema de marcado. ¿Quizás ya usas uno? También puedes, por ejemplo, marcar las palabras difíciles de encontrar con una cruz, las que te gustan con una estrella, las nuevas con un triángulo, las raras con un diamante, etc.

4) ESTRUCTURAR EL APRENDIZAJE

Esta edición ofrece un **CUADERNO DE NOTAS** muy práctico al final del libro. En vacaciones, de viaje o en casa, podrás organizar fácilmente tus nuevos conocimientos sin necesidad de un segundo cuaderno!

5) ¿HABÉIS TERMINADO TODAS LAS PARRILLAS?

En las últimas páginas de este libro, en la sección **DESAFÍO FINAL**, encontrarás un juego gratis!

¡Rápido y sencillo! Echa un vistazo a nuestra colección de libros de actividades para tu próximo momento de diversión y aprendizaje, ¡a sólo un clic de distancia!

Encuentre su próximo reto en:

BestActivityBooks.com/MiProximoLibro

En sus marcas, listos, ¡Ya!

¿Sabías que hay unas 7.000 lenguas diferentes en el mundo? Las palabras son preciosas.

Nos encantan los idiomas y hemos trabajado duro para crear libros de la más alta calidad para tí. ¿Nuestros ingredientes?

Una selección de temas adecuados para el aprendizaje, tres buenas porciones de entretenimiento, y luego añadimos una cucharada de palabras difíciles y una pizca de palabras raras. Los servimos con cariño y máxima diversión para que puedas resolver los mejores juegos de palabras y te diviertas aprendiendo!

Tu opinión es esencial. Puedes participar activamente en el éxito de este libro dejándonos un comentario. Nos encantaría saber qué es lo que más le ha gustado de esta edición.

Aquí hay un enlace rápido a tu página de pedidos:

BestBooksActivity.com/Opiniones50

Gracias por tu ayuda y diviértete!

Todo el equipo

1 - Arqueología

V	B	H	J	C	R	U	F	U	D	O	D	V	Y	J	V
N	E	I	T	N	I	L	A	K	N	E	S	N	E	N	Z
U	D	O	L	C	L	K	E	M	İ	K	L	E	R	M	P
V	S	R	Ö	I	T	E	Y	I	N	E	D	E	M	P	N
L	R	I	D	H	N	A	M	Z	U	A	E	D	Q	R	G
Q	F	P	H	C	Y	M	I	K	A	T	Ğ	B	D	O	Z
T	A	P	I	N	A	K	E	M	M	Q	E	A	L	F	G
P	H	A	Q	L	J	N	B	Y	T	B	R	A	Ç	E	I
L	P	T	V	V	D	I	J	O	E	L	L	N	P	S	Z
N	K	N	C	Z	L	J	U	N	G	N	E	A	T	Ö	E
A	R	A	Ş	T	I	R	M	A	C	I	N	L	R	R	M
F	M	E	Z	A	R	J	E	Ç	O	I	D	I	C	D	B
D	O	S	G	P	F	L	U	R	V	N	I	Z	Q	P	Y
I	D	S	E	F	O	B	E	A	O	L	R	D	Z	U	O
S	Z	V	İ	Q	L	G	F	P	N	K	M	J	J	B	F
O	Ş	U	M	L	U	T	U	N	U	Y	E	V	Y	L	H

ANALIZ
MEDENIYET
DÖL
BILINMEYEN
TAKIM
ÇAĞ
DEĞERLENDIRME
UZMAN
FOSİL
PARÇA
KEMİKLER
ARAŞTIRMACI
GIZEM
NESNE
UNUTULMUŞ
PROFESÖR
KALINTI
TAPINAK
MEZAR

2 - Granja #2

Z	M	Z	E	D	S	J	Y	V	H	B	V	N	J	J	Y
E	B	D	E	R	U	A	K	O	A	P	U	G	Z	Z	J
Y	M	T	N	K	L	K	U	E	Y	P	G	Ğ	F	E	N
F	E	I	E	R	A	O	Z	I	V	J	Q	E	D	R	S
F	T	Ü	S	J	M	Y	U	T	A	Y	Z	G	V	A	Q
N	L	L	P	I	A	U	J	R	N	Q	E	M	M	M	Y
F	G	K	G	Ç	R	N	D	V	L	C	G	M	S	A	R
Y	C	F	K	T	I	U	T	L	A	D	I	G	L	L	K
A	E	P	D	F	Y	G	P	N	R	S	E	B	Z	E	Y
B	H	V	Z	I	A	T	R	A	K	T	Ö	R	C	M	E
A	R	V	T	Ç	Ç	T	A	D	F	U	E	M	D	L	Z
H	E	O	N	F	E	L	R	G	J	M	A	B	S	V	I
Ç	K	Z	A	H	L	I	P	K	I	N	J	B	Q	Q	O
E	S	F	J	C	K	K	A	T	F	G	J	Q	R	G	Y
K	O	V	A	N	A	B	O	Ç	Ö	R	D	E	K	J	S
I	C	Q	G	C	A	H	I	R	F	E	L	A	Z	C	I

ÇIFTÇI
HAYVANLAR
ARPA
KOVAN
GIDA
KUZU
MEYVE
AHIR
BAHÇE
SÜT
LAMA
MISIR
KOYUN
ÇOBAN
ÖRDEK
ÇAYIR
SULAMA
TRAKTÖR
BUĞDAY
SEBZE

3 - La Empresa

T	R	Y	A	R	A	T	I	C	I	Ü	J	O	Ş	K	Z
L	E	İ	S	I	N	E	M	E	L	R	E	L	I	Ü	N
B	Z	G	S	C	T	A	U	O	P	Ü	M	N	L	R	F
K	B	F	H	K	G	N	Y	T	R	N	Z	B	S	E	Z
R	N	V	Z	B	L	R	F	Y	O	C	T	L	F	S	E
K	H	F	S	G	Q	E	Q	A	F	E	M	C	Y	E	N
Z	T	K	H	P	K	Y	R	T	E	K	J	P	Y	L	D
S	U	N	U	M	A	E	B	I	S	I	A	I	A	L	Ü
A	S	U	G	Z	Y	N	İ	R	Y	L	T	R	Z	I	S
U	U	B	H	H	N	I	R	I	O	I	A	E	A	T	T
I	K	N	V	G	A	L	İ	M	N	S	R	L	V	R	R
E	T	I	L	A	K	I	M	K	E	A	T	T	G	B	I
A	C	I	F	V	L	K	L	Z	L	L	D	E	E	C	G
C	I	U	B	N	A	Ç	E	U	Q	O	V	R	L	Z	S
I	K	O	Y	A	R	I	R	S	Y	H	E	C	I	Z	F
E	U	O	S	Q	R	P	V	Z	K	Y	U	Ü	R	C	E

KALITE
YARATICI
KARAR
IŞ
KÜRESEL
ENDÜSTRI
GELIR
YENILIKÇI
YATIRIM
OLASILIK
SUNUM
ÜRÜN
PROFESYONEL
ILERLEME
KAYNAKLAR
ITIBAR
RİSKLER
ÜCRETLER
BIRİMLER

4 - Aviones

S	V	J	U	Y	F	T	P	E	R	V	A	N	E	I	R
G	M	V	M	A	V	K	A	K	T	A	S	A	R	I	M
H	A	V	A	K	Y	Ü	K	S	E	K	L	I	K	M	M
Y	A	P	I	I	Y	O	L	C	U	H	Z	A	A	Ü	B
J	F	F	P	T	H	H	C	Y	Y	G	G	E	T	R	I
C	V	A	E	O	İ	Z	S	I	Z	R	G	H	M	E	N
P	G	K	C	L	D	J	P	F	Y	K	N	U	O	T	I
J	N	S	V	İ	R	N	K	S	P	K	A	Y	S	T	Ş
Q	L	Q	K	P	O	F	E	Z	T	Q	O	O	F	E	E
D	J	E	Q	Z	J	K	L	B	F	H	K	M	E	B	B
F	H	J	B	D	E	T	Z	M	O	T	O	R	R	A	U
J	G	B	C	G	N	O	L	A	B	N	T	I	N	T	Q
M	A	C	E	R	A	Ö	N	K	P	M	A	F	M	M	K
D	M	B	N	Ü	Z	Ü	Y	K	Ö	G	R	D	M	N	C
D	A	L	G	R	A	K	I	M	B	N	I	B	F	L	B
T	Ü	R	B	Ü	L	A	N	S	A	I	H	M	Q	I	G

HAVA
RAKIM
YÜKSEKLIK
INIŞ
ATMOSFER
MACERA
GÖKYÜZÜ
YAKIT
YAPI
YÖN
TASARIM
BALON
PERVANE
HİDROJEN
TARIH
MOTOR
YOLCU
PİLOT
MÜRETTEBAT
TÜRBÜLANS

5 - Tipos de Cabello

G	O	I	C	L	S	H	D	G	U	P	I	Y	Z	E	S
L	A	S	G	U	A	A	A	P	R	U	U	R	U	K	Q
E	J	S	N	G	R	E	L	L	F	İ	Z	V	V	H	Y
K	J	D	L	Ü	I	C	G	I	A	M	U	H	E	Z	R
Z	I	K	P	M	Ş	Q	A	J	G	U	N	V	D	S	E
P	A	V	E	Ü	I	J	L	P	V	I	A	J	B	V	K
Z	A	A	I	Ş	N	J	I	O	G	I	M	H	G	L	A
P	K	R	F	R	S	I	Y	A	H	G	I	T	Y	E	L
M	B	J	L	E	C	N	I	N	Q	N	E	J	H	L	I
Y	F	S	Z	A	I	I	L	Y	R	E	N	K	L	İ	N
H	P	Y	M	A	K	A	K	U	S	R	Y	K	O	J	M
K	Ö	R	G	Ü	L	Ü	I	M	Ö	E	K	K	T	M	I
I	Z	Q	J	S	L	Q	L	U	R	V	T	V	O	T	E
S	V	B	N	R	K	Z	Ğ	Ş	G	H	B	F	L	S	K
A	P	Z	G	D	Y	L	A	A	Ü	A	B	E	Y	A	Z
C	V	G	O	P	H	Q	S	K	R	K	G	P	M	P	E

BEYAZ
PARLAK
KEL
RENKLİ
KISA
INCE
GRİ
KALIN
UZUN
KAHVERENGI

SIYAH
DALGALI
GÜMÜŞ
KIVIRCIK
SARIŞIN
SAĞLIKLI
KURU
YUMUŞAK
ÖRGÜLÜ
ÖRGÜ

6 - Ética

A	M	V	C	Q	U	F	E	L	S	E	F	E	N	I	G
N	T	O	L	E	R	A	N	S	U	V	H	K	E	Y	E
H	U	K	V	T	J	K	A	G	I	K	D	T	Z	I	R
T	G	B	T	E	Y	I	S	Y	A	H	A	E	A	M	Ç
D	Ü	R	Ü	S	T	L	Ü	K	D	İ	B	M	K	S	E
R	I	B	A	S	G	I	V	I	İ	Ş	İ	A	E	E	K
K	A	H	L	S	E	C	M	L	P	B	R	H	T	R	Ç
İ	F	S	H	M	K	E	S	E	L	İ	E	R	D	L	İ
I	N	Q	Y	C	V	G	L	G	O	R	Y	E	E	I	L
F	T	S	P	O	T	Z	A	L	M	L	C	M	Ğ	K	İ
Q	F	U	A	E	N	Ö	I	I	A	İ	İ	Q	E	S	K
N	A	V	U	N	P	A	O	B	T	Ğ	L	J	R	Q	J
C	B	F	G	Q	L	F	L	K	İ	İ	İ	H	L	Y	A
T	N	K	Y	C	Y	I	F	I	K	T	K	K	E	J	C
S	A	Y	G	I	L	I	K	E	T	B	P	L	R	P	M
B	Ü	T	Ü	N	L	Ü	K	J	U	E	S	S	Z	V	D

ÖZGECILIK
NEZAKET
MERHAMET
İŞBİRLİĞİ
HAYSIYET
DİPLOMATİK
FELSEFE
DÜRÜSTLÜK
İNSANLIK
BİREYCİLİK
BÜTÜNLÜK
IYIMSERLIK
SABIR
RASYONALITE
MAKUL
GERÇEKÇİLİK
SAYGILI
BILGELIK
TOLERANS
DEĞERLER

7 - Ciencia Ficción

T	N	P	R	J	O	R	E	B	I	D	A	K	K	K	N
E	I	E	I	N	A	G	K	D	H	Ü	G	E	İ	L	M
K	I	T	S	I	R	Ü	T	Ü	F	N	I	H	T	J	R
N	F	M	A	R	J	Z	U	I	D	Y	Z	A	A	F	N
O	S	A	D	A	K	Ö	G	Q	Y	A	E	N	P	U	T
L	Z	M	N	L	D	D	U	C	Ü	D	M	E	L	V	Y
O	S	A	E	T	P	L	Z	T	T	M	L	T	A	V	A
J	İ	L	G	O	A	E	A	U	O	M	I	F	R	I	N
I	N	T	E	B	Q	S	K	K	P	A	Ş	I	R	I	I
L	E	A	Z	O	B	N	T	R	Y	H	M	E	H	G	L
N	M	P	E	R	B	I	V	I	A	A	Z	O	T	V	S
S	A	F	G	E	Q	E	H	U	K	Y	F	T	C	A	A
G	E	R	Ç	E	K	Ç	İ	G	H	A	H	D	G	P	M
A	Z	R	J	F	T	U	N	Y	F	L	Z	K	B	U	A
Y	P	B	Q	Z	G	K	F	N	K	İ	M	O	T	A	M
S	U	L	O	L	L	A	R	B	Y	I	Y	N	H	Y	M

ATOMİK
SİNEMA
UZAK
PATLAMA
AŞIRI
FANTASTIK
ATEŞ
FÜTÜRISTIK
GÖKADA
YANILSAMA
HAYALİ
KİTAPLAR
GIZEMLI
DÜNYA
KEHANET
GEZEGEN
GERÇEKÇİ
ROBOTLAR
TEKNOLOJI
ÜTOPYA

8 - Rellenar

K	O	V	A	V	A	D	Q	C	H	G	Q	H	H	Ç	Q
K	A	V	A	N	O	Z	A	U	A	Y	Y	B	E	E	H
U	U	M	P	Ü	T	J	Y	E	V	A	T	G	L	K	T
M	E	A	A	T	N	A	Ç	G	Z	R	D	F	B	M	E
U	T	U	K	K	N	K	D	Z	A	J	O	N	B	E	P
U	F	U	E	Ş	I	Ş	H	A	N	Y	E	K	J	C	S
L	N	O	T	R	A	K	M	R	Ö	S	A	L	K	E	I
Z	Z	F	L	E	G	G	R	F	K	Ü	V	E	T	H	B
U	T	I	V	L	P	C	L	C	U	V	V	H	B	L	C
D	M	R	V	K	J	E	Q	J	J	G	P	A	J	H	P
J	V	O	D	J	G	Z	S	I	E	D	M	O	Z	Z	N
R	F	C	O	S	K	Y	P	L	C	C	S	C	B	O	C
V	H	G	B	A	M	F	D	D	E	O	E	I	G	J	A
G	J	R	T	B	D	V	T	I	B	O	Q	P	U	U	G
E	V	S	T	L	N	O	U	O	I	O	G	Y	I	A	C
E	S	M	I	F	J	U	B	A	V	U	L	F	I	Ç	I

TEPSI
KÜVET
FIÇI
ÇANTA
CEP
ŞIŞE
KUTU
ÇEKMECE
KLASÖR
KARTON
SEPET
KOVA
HAVZA
VAZO
BAVUL
PAKET
ZARF
KAVANOZ
TÜP

9 - Granja #1

B	P	Ç	N	I	R	I	P	A	T	I	Ç	R	M	N	T
B	U	Z	A	Ğ	I	R	A	O	R	P	L	T	S	B	L
Q	B	U	M	U	H	O	T	M	N	A	L	A	A	E	C
F	J	F	A	B	A	L	V	I	H	M	K	V	S	E	A
D	S	J	S	Z	U	P	B	R	J	Y	E	U	B	D	P
V	S	U	E	K	A	R	G	A	R	Q	N	K	Y	D	R
M	I	U	İ	L	P	V	G	T	K	H	İ	R	H	N	B
V	Z	Ç	D	M	T	T	S	O	Ö	O	Y	J	A	M	V
D	E	Ş	E	K	J	O	N	H	P	N	V	R	H	J	Q
Y	R	K	K	K	O	H	F	D	E	V	M	G	Q	S	R
G	B	P	T	A	S	U	M	L	K	E	N	Y	C	E	P
P	Ü	O	P	P	E	N	G	P	C	A	U	J	F	C	C
F	G	S	V	V	D	H	E	O	R	C	U	D	N	F	Z
H	G	D	B	M	D	J	I	F	J	L	O	L	T	S	N
Z	N	H	S	T	E	O	U	D	T	A	G	D	L	J	N
L	J	P	C	R	P	D	P	G	C	S	E	A	T	H	D

ARI
TARIM
SU
PIRINÇ
EŞEK
AT
KEÇI
ALAN
KARGA
GÜBRE

KEDİ
SAMAN
BAL
KÖPEK
TAVUK
TOHUM
BUZAĞI
KARA
İNEK
ÇIT

10 - Camping

F	E	G	G	A	O	U	Q	T	B	M	Y	O	O	B	Y
K	A	B	İ	N	G	L	P	B	S	Ğ	A	D	Y	F	M
K	K	Ç	S	L	I	Q	Y	F	O	M	I	C	K	F	R
R	P	A	O	E	Y	O	M	I	U	Y	D	H	E	M	Q
J	A	D	R	F	E	N	E	R	H	P	O	H	C	R	C
H	Ş	I	A	G	K	A	P	O	O	U	Ğ	A	Ö	V	A
U	A	R	L	T	B	K	U	R	V	B	A	Y	B	N	R
U	S	M	Ç	E	E	L	S	M	S	A	Z	V	E	G	M
Y	Q	S	A	C	I	Ş	U	A	D	D	Z	A	R	B	G
H	B	G	Ğ	K	I	I	L	N	J	O	U	N	F	D	O
G	F	G	A	S	T	M	A	Z	J	T	D	L	S	D	I
T	Y	G	B	E	K	Y	V	Z	L	J	F	A	P	Z	C
K	E	L	K	G	Ö	L	U	O	K	B	Z	R	P	R	P
Q	N	L	R	S	K	I	L	I	C	V	A	K	Y	D	Y
H	A	R	İ	T	A	P	A	T	D	C	M	L	A	Y	J
D	Z	R	T	G	G	A	Y	F	Q	A	H	K	P	C	C

HAYVANLAR
MACERA
AĞAÇLAR
ORMAN
PUSULA
KABİN
KANO
ÇADIR
AVCILIK
IP
ATEŞ
HAMAK
BÖCEK
GÖL
FENER
AY
HARİTA
DAĞ
DOĞA
ŞAPKA

11 - Fruta

N	D	A	R	C	H	J	T	U	D	I	A	V	B	I	T
P	N	M	U	Z	B	J	U	U	J	F	Q	Z	J	G	J
R	U	U	K	K	E	V	M	G	R	R	V	S	J	K	T
O	Z	Q	V	Y	K	S	R	O	M	U	U	D	G	E	Q
Ş	E	F	T	A	L	I	A	D	Ü	M	N	O	M	İ	L
E	R	I	K	M	K	I	R	A	Z	A	Z	C	S	N	K
G	A	Z	F	L	I	B	G	K	Ü	N	B	O	U	H	H
O	N	N	H	E	L	V	U	O	H	G	R	M	V	E	N
K	A	P	E	T	Z	U	A	V	F	O	I	E	N	L	L
A	N	K	M	K	Z	U	V	A	A	H	U	D	U	D	U
Y	A	F	D	P	T	B	A	Y	Y	D	B	A	V	P	O
I	S	Y	G	B	C	A	D	J	A	F	O	J	V	Q	A
S	E	A	A	S	V	V	R	M	P	O	N	G	C	Y	M
I	T	U	F	U	Z	P	Q	I	A	K	D	H	O	O	Q
B	P	B	J	B	K	İ	V	İ	P	Z	L	T	D	Y	V
R	G	J	O	E	N	T	M	D	R	P	A	Q	K	G	A

AVOKADO
KAYISI
DUT
KIRAZ
ERIK
AHUDUDU
GUAVA
KİVİ
LİMON
MANGO
ELMA
ŞEFTALI
KAVUN
TURUNCU
NEKTAR
PAPAYA
ARMUT
ANANAS
MUZ
ÜZÜM

12 - Geología

M	A	I	B	V	K	T	İ	S	A	J	U	Q	K	M	H
D	L	R	Ö	O	A	I	R	Y	O	L	N	H	L	İ	K
E	G	T	L	L	T	K	A	L	S	İ	Y	U	M	N	P
T	R	N	G	K	M	R	R	B	R	J	D	A	F	E	T
V	E	O	E	A	A	A	A	Q	A	T	A	Ş	Y	R	F
I	L	V	Z	N	N	S	Ğ	G	V	B	K	K	Z	A	S
C	L	M	U	Y	B	F	A	J	U	V	F	Q	V	L	Y
G	A	D	T	Q	O	Y	M	Z	K	J	V	B	A	L	A
V	T	D	E	J	I	N	D	O	C	M	N	T	S	E	U
O	S	E	H	T	Z	A	F	O	S	İ	L	U	L	R	Y
L	İ	P	N	V	B	C	G	U	F	M	K	N	A	F	P
P	R	R	J	R	D	R	A	A	Z	E	I	B	V	Y	Q
P	K	E	P	S	I	E	D	A	Y	J	T	M	G	M	E
A	M	M	Z	K	I	M	G	I	D	Z	A	V	S	T	Z
L	J	L	U	Z	O	C	B	B	B	H	E	A	M	K	D
A	O	Z	A	D	B	T	P	U	D	N	N	R	Q	B	K

ASİT
KALSİYUM
KATMAN
MAĞARA
KITA
MERCAN
KRİSTALLER
KUVARS
EROZYON
SARKIT

FOSİL
GAYZER
LAV
YAYLA
MİNERALLER
TAŞ
TUZ
DEPREM
VOLKAN
BÖLGE

13 - Álgebra

Q	Z	Ç	L	G	N	I	V	I	S	D	K	A	D	J	T
C	E	I	K	T	E	U	S	Z	O	Z	T	R	O	I	N
M	T	K	E	M	Z	Ö	Ç	Z	M	M	Z	K	Ğ	V	Y
A	N	A	L	U	I	I	U	O	F	Ü	N	I	R	R	Q
C	A	R	I	F	I	S	Z	F	T	Z	U	E	U	I	E
Y	R	M	G	L	I	F	A	K	T	Ö	R	G	S	V	S
L	A	A	Z	E	J	D	R	S	C	Ç	O	T	A	O	B
K	P	N	A	Z	O	E	A	K	O	Y	S	R	L	L	Ö
I	E	A	L	H	K	N	M	A	L	N	T	O	H	Ü	L
O	T	S	O	I	I	K	U	O	V	U	S	H	T	S	Ü
Y	Y	V	I	H	Ş	L	N	D	H	A	L	U	H	Q	M
G	M	H	F	R	F	E	F	O	R	M	Ü	L	Z	V	I
G	H	B	G	U	M	M	A	R	G	A	Y	İ	D	F	T
M	A	T	R	İ	S	D	E	Ğ	I	Ş	K	E	N	B	F
B	A	S	İ	T	L	E	Ş	T	İ	R	V	L	A	Z	E
J	J	Q	K	S	Z	D	A	A	B	H	V	H	L	G	Y

SIFIR
DİYAGRAM
BÖLÜM
DENKLEM
ÜS
FAKTÖR
YANLIŞ
FORMÜL
KESIR
SONSUZ
DOĞRUSAL
MATRİS
NUMARA
PARANTEZ
SORUN
ÇÖZMEK
ÇIKARMA
BASİTLEŞTİR
ÇÖZÜM
DEĞIŞKEN

14 - Plantas

Y	N	N	N	M	D	Q	V	D	E	U	N	F	S	C	I
D	A	Z	B	E	O	P	Y	L	J	Z	Y	Ç	A	Ğ	A
B	Z	P	E	D	J	K	F	Q	O	Y	E	C	R	B	H
A	B	B	R	B	C	R	S	N	Y	Z	Ş	A	M	İ	K
M	L	A	O	A	P	I	Ç	K	Ö	K	İ	P	A	T	B
B	L	Z	H	N	K	L	A	Q	L	İ	L	I	Ş	K	S
U	S	Y	T	Ç	L	M	L	L	S	N	L	H	I	İ	C
F	L	A	O	K	E	Ç	I	Ç	G	A	İ	J	K	Ö	Y
L	C	F	Y	S	G	Ü	N	E	Ş	T	K	F	F	R	A
O	O	J	C	Ü	U	D	U	T	S	O	B	A	G	T	M
R	S	F	M	T	L	N	F	Z	P	B	C	S	Ü	Ü	K
A	J	R	A	K	G	M	Z	L	P	Y	A	U	B	S	I
R	O	J	F	A	U	B	I	L	Y	D	Z	L	R	Ü	A
F	M	Z	O	K	T	M	J	I	H	V	Z	Y	E	R	S
O	R	M	A	N	F	N	I	V	V	O	L	E	S	J	Z
U	G	N	F	P	M	F	N	D	T	R	E	O	S	E	S

ÇALI
AĞAÇ
BAMBU
DUT
ORMAN
BOTANİK
KAKTÜS
GÜBRE
ÇİÇEK
FLORA
YEŞİLLİK
FASULYE
SARMAŞIK
OT
BAHÇE
YOSUN
YAPRAK
KÖK
GÜNEŞ
BİTKİ ÖRTÜSÜ

15 - Suministros de Arte

M	Y	Q	A	K	G	H	O	R	C	A	F	K	U	Y	L
C	P	A	Y	O	B	U	L	U	S	S	I	J	D	B	F
I	R	E	R	M	L	A	D	D	P	U	R	K	M	B	Z
H	V	H	E	A	D	I	S	I	O	B	Ç	G	M	K	T
E	Q	Y	L	E	T	S	A	P	V	P	A	Y	O	M	M
T	Z	C	R	F	B	I	K	N	E	R	L	A	P	Z	E
V	V	U	İ	F	L	K	C	Â	K	Z	A	Ğ	E	I	S
S	K	H	K	Y	V	I	Q	I	Ğ	A	R	E	K	K	A
L	J	E	İ	İ	G	L	İ	S	L	I	M	R	K	Z	N
B	E	T	F	F	B	S	I	I	P	I	T	E	E	J	D
H	K	L	R	L	R	M	N	B	M	I	K	L	R	I	A
P	R	J	M	K	A	L	E	M	L	E	R	A	Ü	A	L
L	P	A	A	T	U	T	K	A	L	K	R	V	M	Z	Y
O	V	A	S	A	K	R	İ	L	İ	K	O	Ö	J	K	E
G	M	V	A	M	Q	T	T	A	P	O	I	Ş	H	O	P
L	I	V	M	J	J	U	G	T	K	B	D	G	T	T	G

YAĞ
AKRİLİK
SULUBOYA
SU
KIL
SİLGİ
ŞÖVALE
KAMERA
FIRÇALAR
RENK
YARATICILIK
FİKİRLER
KALEMLER
MASA
KÂĞIT
PASTEL
TUTKAL
SANDALYE
MÜREKKEP

16 - Negocio

S	T	H	D	M	I	R	I	T	A	Y	Z	P	C	J	S
S	E	A	P	S	Ş	Ş	U	T	C	C	K	H	B	B	H
P	E	S	V	P	I	H	V	G	Z	R	Y	G	M	E	U
B	E	K	E	S	R	G	Q	E	J	E	H	K	A	T	V
A	Ü	R	L	İ	K	B	U	T	R	R	T	I	A	İ	Ş
C	R	T	S	F	E	D	V	H	A	E	K	A	D	G	J
G	T	A	Ç	O	T	E	Q	A	I	Y	N	G	T	R	C
S	F	O	V	E	N	M	P	Q	M	I	M	S	V	E	Y
S	A	T	I	Ş	A	E	F	A	B	R	I	K	A	V	E
P	E	R	Y	B	Ş	L	L	R	A	A	E	J	Z	V	M
T	V	Q	T	Z	I	Ş	A	A	L	K	D	T	E	Q	Z
U	Q	H	S	G	L	I	M	P	E	K	O	N	O	M	İ
H	C	F	U	S	A	P	A	R	A	B	İ	R	İ	M	İ
O	U	Z	F	F	Ç	I	N	D	I	R	I	M	U	L	B
D	Ü	K	K	A	N	M	A	L	I	Y	E	T	H	E	G
E	I	B	A	P	G	R	C	Z	K	V	M	N	D	R	B

KARIYER
MALIYET
INDIRIM
PARA
EKONOMİ
ÇALIŞAN
IŞVEREN
ŞIRKET
FABRIKA
VERGİ
YATIRIM
MAL
PARA BİRİMİ
OFİS
PERSONEL
BÜTÇE
DÜKKAN
İŞ
IŞLEM
SATIŞ

17 - Jardín

N	Ç	A	Ğ	A	D	N	A	R	E	V	R	C	T	J	N
C	I	R	P	G	I	D	M	P	B	O	V	M	H	H	H
I	M	B	A	H	Ç	E	S	G	M	D	N	J	U	Q	H
K	E	Ç	I	Ç	S	R	A	A	F	L	N	Q	H	P	T
Y	N	I	M	U	T	R	O	H	G	E	Z	O	U	Y	K
P	İ	T	F	D	B	O	G	Z	Q	P	D	E	P	O	A
C	L	E	F	U	T	G	P	L	I	H	C	S	V	U	R
J	O	L	I	N	I	Ç	F	R	G	A	R	A	J	N	K
B	B	Ö	F	T	R	G	A	A	A	N	V	R	E	C	D
V	M	G	F	M	M	G	C	L	N	K	I	E	T	B	T
L	A	Q	V	T	I	B	Y	T	I	N	A	T	T	V	T
O	R	Y	N	E	K	F	L	O	O	A	L	M	B	V	Y
U	T	K	Ü	R	E	K	L	T	Q	B	N	J	A	D	P
G	Q	Y	D	Z	H	J	K	N	U	B	I	Y	A	H	T
V	M	H	O	N	R	V	Q	K	J	M	N	Q	Z	E	U
O	C	Z	M	V	Y	F	B	N	Z	N	E	C	Q	B	A

ÇALI
AĞAÇ
BANK
GÖLET
ÇIÇEK
GARAJ
HAMAK
ÇIMEN
BAHÇE
OTLAR
HORTUM
KÜREK
VERANDA
TIRMIK
TOPRAK
TERAS
TRAMBOLİN
ÇIT
ASMA

18 - Países #2

A	F	Y	E	T	İ	Y	O	P	Y	A	A	P	A	U	R
H	V	R	P	O	R	T	E	K	İ	Z	V	A	D	G	R
Q	N	U	A	G	G	A	A	D	V	N	U	K	E	A	D
U	B	Y	S	N	A	B	I	L	S	V	S	I	N	N	S
E	C	T	K	T	S	B	L	L	Q	V	T	S	D	D	M
V	F	D	A	M	R	A	V	D	P	D	U	T	O	A	A
A	U	I	N	A	Y	A	Q	N	U	A	R	A	N	L	H
B	A	I	V	A	M	M	L	Y	Z	N	Y	N	E	S	D
U	K	R	A	Y	N	A	E	Y	D	İ	A	M	Z	D	Q
İ	R	L	A	N	D	A	Y	M	A	M	R	E	Y	Z	K
P	F	N	K	O	A	K	İ	A	M	A	J	K	A	M	Y
V	U	I	Y	P	K	D	R	H	B	R	A	S	F	L	N
R	U	S	Y	A	U	T	U	M	S	K	C	İ	A	Z	U
J	L	L	V	J	I	M	S	S	O	A	L	K	O	N	J
E	G	K	O	Y	H	K	U	L	T	U	V	A	N	R	A
Y	U	N	A	N	I	S	T	A	N	N	L	O	G	P	T

ARNAVUTLUK
AVUSTRALYA
AVUSTURYA
DANİMARKA
ETİYOPYA
FRANSA
YUNANISTAN
ENDONEZYA
İRLANDA
JAMAİKA
JAPONYA
LAOS
MEKSİKA
PAKISTAN
PORTEKİZ
RUSYA
SURİYE
SUDAN
UKRAYNA
UGANDA

19 - Tecnología

K	P	U	G	Z	K	N	E	M	M	D	G	J	S	L	B
J	V	K	I	L	N	E	V	Ü	G	I	O	R	Z	V	I
L	M	D	B	A	Y	T	M	C	U	Z	L	S	R	E	L
D	Y	E	N	N	F	D	Y	L	F	B	B	Z	Y	A	G
L	K	R	J	A	S	E	M	I	L	I	Z	A	Y	A	I
D	S	U	N	S	E	O	M	S	R	R	T	R	J	B	S
K	G	E	Q	O	P	U	G	K	D	D	Q	E	I	O	A
T	E	N	R	E	T	N	İ	F	F	A	T	M	A	E	Y
V	A	A	R	A	Ş	T	I	R	M	A	H	A	N	A	A
V	N	R	V	E	D	P	Q	C	A	U	I	K	C	N	R
İ	G	K	A	E	İ	S	T	A	T	İ	S	T	İ	K	S
R	Z	E	İ	Y	R	S	M	R	L	N	Z	E	L	B	A
Ü	N	D	M	S	I	I	P	T	H	N	S	L	E	B	L
S	H	N	L	J	Y	C	L	F	R	Z	E	J	L	E	H
C	F	O	E	P	I	F	I	J	D	İ	J	İ	T	A	L
O	D	F	Ç	N	R	C	B	Z	Y	T	R	V	P	G	L

DOSYA
BLOG
BAYT
KAMERA
İMLEÇ
VERI
DİJİTAL
İSTATİSTİK
İNTERNET
ARAŞTIRMA
MESAJ
TARAYICI
BILGISAYAR
EKRAN
GÜVENLIK
YAZILIM
SANAL
VİRÜS

20 - Números

C	R	V	T	K	N	Q	S	R	S	E	O	O	Y	F	Y
E	J	L	Y	J	Q	C	I	T	L	A	N	N	O	H	J
G	M	T	M	O	K	Q	F	R	I	B	D	Ü	D	L	R
Z	N	O	N	N	Y	H	I	Ö	K	B	O	Ç	Ü	Z	D
Z	J	N	K	V	J	G	R	D	I	R	K	T	F	V	S
A	H	D	A	L	P	Z	Q	N	N	E	U	O	S	Y	S
U	Z	A	R	L	H	L	A	O	O	Q	Z	N	E	N	G
V	G	L	Q	F	T	V	S	M	J	İ	V	Y	S	T	O
S	V	I	R	Q	V	N	C	S	D	M	Ş	E	B	E	N
L	P	K	M	H	N	V	J	K	T	R	Ö	D	Z	Q	A
O	N	S	E	K	I	Z	J	T	B	İ	V	I	L	L	L
C	Y	F	Z	T	S	E	D	S	H	Y	K	S	S	D	T
Z	E	D	N	K	R	J	R	O	O	N	H	B	R	U	I
M	D	P	G	Y	S	E	P	B	K	P	L	U	U	J	D
Z	İ	K	E	S	R	F	Y	G	L	U	U	T	F	N	M
Y	2	B	Z	H	O	H	C	G	R	T	Z	O	F	L	Z

ON DÖRT
SIFIR
BEŞ
DÖRT
ONDALIK
ON DOKUZ
ONSEKIZ
ON ALTI
ON YEDI
ON

ON IKI
DOKUZ
SEKİZ
ALTI
YEDİ
ON ÜÇ
ÜÇ
BIR
YİRMİ

21 - Física

F	M	S	O	T	C	I	M	V	A	L	F	N	M	G	S
J	P	L	N	B	V	C	I	G	O	G	F	Ü	A	S	I
Y	A	V	S	H	I	Z	L	A	N	M	A	K	N	Q	K
G	E	T	Q	V	J	I	Ü	M	O	B	E	L	Y	T	L
P	Ö	R	O	K	P	K	M	E	R	V	O	E	E	K	I
A	E	R	Ç	M	C	L	R	K	T	B	F	E	T	K	K
R	V	B	E	E	V	S	O	A	K	T	M	R	İ	I	Y
T	R	C	D	L	K	Y	F	N	E	G	G	L	Z	M	O
İ	E	G	I	T	I	İ	L	İ	L	M	A	Z	M	Y	Ğ
K	N	C	O	I	M	L	M	K	E	O	Z	M	A	A	U
Ü	S	E	G	K	D	E	I	İ	H	L	Y	C	V	S	N
L	E	M	O	T	O	R	R	K	I	E	V	D	Q	A	L
V	L	B	V	V	S	A	C	A	Z	K	M	H	E	L	U
I	O	H	T	P	D	I	N	Y	D	Ü	R	F	B	I	K
K	I	P	S	J	Z	I	A	Y	C	L	J	C	L	T	Z
Q	I	A	D	Q	P	G	L	M	L	O	C	H	E	N	H

HIZLANMA
ATOM
KAOS
YOĞUNLUK
ELEKTRON
FORMÜL
SIKLIK
GAZ
YERÇEKİMİ
MANYETİZMA
KITLE
MEKANİK
MOLEKÜL
MOTOR
NÜKLEER
PARTİKÜL
KIMYASAL
GÖRELILIK
EVRENSEL
HIZ

22 - Belleza

Z	A	R	A	F	E	T	S	İ	L	İ	T	S	I	S	V
S	Z	N	D	G	B	Z	A	I	M	Y	B	M	J	H	Q
Q	A	R	Y	J	I	F	K	U	B	A	A	D	R	R	L
E	F	I	R	A	Z	T	A	D	V	E	S	D	S	R	U
V	Ş	N	N	Y	A	T	M	Z	G	U	K	K	S	H	N
P	A	I	J	K	C	F	B	G	P	S	İ	E	A	E	B
F	M	H	Q	A	S	Y	F	R	U	J	N	U	S	R	L
Y	P	V	A	M	Z	D	K	Z	B	R	E	N	K	I	A
A	U	K	P	J	F	G	U	F	Q	T	J	G	P	O	P
Ğ	A	O	J	M	J	E	E	E	T	Y	O	U	L	H	K
L	N	Z	D	K	S	Z	B	R	R	K	T	Z	Q	A	Y
A	Q	M	R	S	Y	G	A	H	Z	L	O	K	B	R	M
R	E	E	Z	O	S	J	D	Z	T	D	F	U	T	Ü	L
N	H	T	B	F	M	I	U	F	R	P	J	J	Q	C	F
G	M	İ	Y	J	I	P	L	L	Q	O	R	D	H	U	J
L	V	K	D	Ü	Z	E	N	Q	O	H	T	C	I	L	T

YAĞLAR
ŞAMPUAN
RENK
KOZMETİK
ZARAFET
ZARIF
CAZIBE
AYNA
STİLİST

FOTOJENİK
KOKU
LÜTUF
MAKYAJ
CILT
RUJ
MASKARA
DÜZ
MAKAS

23 - Países #1

Q	P	P	S	S	İ	P	H	A	D	N	Y	T	D	N	C
B	E	D	Q	C	T	O	O	T	B	F	U	S	N	O	D
K	R	S	C	Y	A	L	N	Q	O	I	R	B	T	R	F
Q	A	E	K	K	L	O	D	F	M	L	A	Y	O	V	J
N	L	I	Z	F	Y	N	U	M	A	L	İ	G	D	E	R
İ	U	N	M	I	A	Y	R	I	S	I	M	D	D	Ç	H
T	S	E	A	B	L	A	A	U	G	A	R	A	K	İ	N
N	U	P	B	C	U	Y	S	H	Q	K	F	Y	O	S	E
A	B	J	A	M	A	N	A	P	H	I	K	B	C	I	K
J	M	Y	V	N	Z	V	D	Z	E	Ç	D	İ	K	V	V
R	M	U	T	G	Y	Y	A	N	Y	L	Z	L	K	M	A
A	D	J	P	O	J	A	N	Q	Z	E	P	M	Q	C	D
H	I	N	D	I	S	T	A	N	S	B	J	Z	Q	E	O
R	Z	K	V	R	V	L	K	A	L	M	A	N	Y	A	R
O	N	K	Z	H	K	F	I	L	I	P	I	N	L	E	R
T	O	G	A	V	E	N	E	Z	U	E	L	A	D	K	P

ALMANYA
ARJANTİN
BELÇIKA
BREZILYA
KANADA
EKVADOR
MISIR
İSPANYA
FILIPINLER
HONDURAS
HINDISTAN
İTALYA
LİBYA
MALİ
FAS
NİKARAGUA
NORVEÇ
PANAMA
POLONYA
VENEZUELA

24 - Mitología

N	U	K	O	O	F	G	C	U	E	M	L	P	B	K	C
O	D	U	A	H	E	N	U	M	U	N	O	T	N	Ü	A
I	Q	V	N	Y	L	Y	I	L	D	I	R	I	M	L	N
G	M	V	B	T	A	D	A	V	R	A	N	I	Ş	T	A
H	N	E	Z	J	K	I	T	A	R	A	Y	O	Q	Ü	V
K	U	T	J	T	E	N	N	E	C	I	T	T	Y	R	A
Y	I	Ü	S	Ü	T	L	Ü	R	Ü	G	K	Ö	G	L	R
A	Ç	S	K	A	H	R	A	M	A	N	U	N	A	A	B
R	Ş	E	K	Ö	L	Ü	M	S	Ü	Z	L	Ü	K	B	Ö
A	A	T	F	A	B	L	M	D	L	G	J	N	Q	İ	L
T	V	M	I	S	N	A	S	C	N	S	O	Q	C	R	Ü
I	A	S	D	O	A	Ç	I	Q	B	R	O	B	F	E	M
L	S	H	V	J	Z	N	L	E	S	C	S	B	M	N	L
I	D	J	D	O	H	A	E	I	K	J	P	S	O	T	Ü
Ş	Q	A	N	M	M	N	I	G	K	G	M	J	T	M	R
O	M	T	U	V	V	I	I	N	T	I	K	A	M	R	O

NUMUNE
KISKANÇLIK
CENNET
DAVRANIŞ
YARATILIŞ
INANÇ
YARATIK
KÜLTÜR
FELAKET
KUVVET
SAVAŞÇI
KAHRAMAN
ÖLÜMSÜZLÜK
LABİRENT
EFSANE
CANAVAR
ÖLÜMLÜ
YILDIRIM
GÖK GÜRÜLTÜSÜ
INTIKAM

25 - Casa

Y	A	F	O	T	D	N	B	K	T	G	Y	A	R	K	M
V	A	N	Y	A	M	U	S	G	S	O	A	F	E	Y	F
L	I	T	R	I	G	T	Ş	S	Ü	T	T	A	E	K	P
T	I	T	A	K	I	T	A	Ç	P	L	V	Q	N	Y	N
D	Ç	R	R	K	U	G	Z	Z	Ü	T	U	K	A	P	I
U	U	I	B	U	O	J	F	F	R	L	F	A	H	O	T
V	F	V	T	N	E	D	C	Q	G	J	Z	F	P	P	A
A	B	M	A	L	K	E	A	Z	E	V	E	T	Ü	G	Ç
R	G	A	R	A	J	H	O	S	H	R	M	U	T	F	J
V	I	H	B	D	M	R	F	N	I	V	I	M	Ü	E	M
B	A	H	Ç	E	F	P	F	S	Z	Z	N	İ	K	M	I
N	C	O	F	O	M	D	F	F	A	E	N	L	U	A	D
U	A	T	I	J	J	R	V	L	T	G	J	İ	L	K	G
K	R	F	G	V	E	D	S	Q	J	G	P	K	S	H	B
B	O	D	R	U	M	Q	R	J	C	M	P	B	U	F	M
B	A	C	A	P	E	N	C	E	R	E	M	J	M	Y	E

KİLİM
ÇATI KATI
KÜTÜPHANE
BACA
MUTFAK
YATAK ODASI
DUŞ
SÜPÜRGE
AYNA
GARAJ
MUSLUK
BAHÇE
LAMBA
DUVAR
ZEMIN
KAPI
BODRUM
ÇATI
ÇIT
PENCERE

26 - Salud y Bienestar #2

H	J	S	D	U	B	P	D	D	E	Z	J	G	L	I	I
A	A	T	U	V	F	U	R	I	N	D	G	T	I	A	V
T	S	S	H	G	F	A	D	Y	E	G	O	K	V	A	K
Ş	A	İ	T	J	E	A	I	E	R	P	E	İ	D	K	J
I	M	J	N	A	K	R	N	T	J	D	S	T	R	E	S
A	I	R	E	D	N	S	T	A	I	I	O	E	J	G	E
V	F	E	Y	O	İ	E	H	D	T	D	F	N	R	H	N
Z	R	L	J	Q	Z	R	L	B	K	O	C	E	Q	M	F
R	E	A	I	Q	Z	E	İ	M	L	T	M	G	T	D	E
U	N	G	H	J	H	Q	E	M	R	M	O	İ	K	N	K
A	Ğ	I	R	L	I	K	B	E	S	L	E	N	M	E	S
F	F	E	D	K	U	R	T	A	R	M	A	R	U	B	I
A	Y	K	A	L	O	R	İ	N	İ	M	A	T	İ	V	Y
S	A	Ğ	L	I	K	L	I	S	I	N	D	H	V	Q	O
L	D	A	N	U	Z	A	H	A	S	T	A	L	I	K	N
N	D	A	T	L	R	O	B	Y	E	Q	R	E	O	O	F

ALERJİ
ANATOMİ
IŞTAH
KALORİ
DIYET
SİNDİRİM
ENERJI
HASTALIK
STRES
GENETİK
HIJYEN
HASTANE
ENFEKSIYON
MASAJ
BESLENME
AĞIRLIK
KURTARMA
SAĞLIKLI
KAN
VİTAMİNİ

27 - Adjetivos #1

M	C	Y	Ş	A	V	A	Y	E	R	K	Q	C	B	Ö	N
A	Ö	R	C	K	Ğ	T	H	G	S	T	B	L	B	N	T
S	M	Z	Y	A	F	I	V	Z	D	J	B	N	C	E	L
U	E	Q	R	R	O	S	R	O	T	G	T	A	J	M	C
M	R	B	Y	A	I	R	M	T	L	Y	M	O	J	L	E
D	T	Y	G	N	V	G	E	I	C	I	K	E	Ç	I	N
P	Ü	R	F	L	L	L	D	K	İ	T	A	M	O	R	A
Q	T	R	L	I	Q	K	T	A	Ü	H	O	L	A	D	M
B	F	B	Ü	K	D	U	H	L	N	Y	J	A	P	I	A
Y	F	Z	P	S	U	S	D	T	D	N	Ü	J	A	H	C
E	T	K	I	N	T	U	I	U	U	M	L	B	R	I	O
G	E	N	Ç	R	P	R	K	M	S	L	J	M	L	R	K
S	B	I	V	E	G	S	U	H	K	I	R	L	A	S	Z
L	C	Z	V	D	U	U	V	F	C	L	I	P	K	L	H
Z	Y	P	T	O	D	Z	D	E	Ğ	E	R	L	I	I	L
E	M	L	H	M	O	K	H	O	J	I	J	N	J	A	N

MUTLAK
ETKIN
HIRSLI
AROMATİK
ÇEKICI
PARLAK
KOCAMAN
EGZOTIK
CÖMERT
BÜYÜK
DÜRÜST
ÖNEMLI
MASUM
GENÇ
YAVAŞ
MODERN
KARANLIK
KUSURSUZ
AĞIR
DEĞERLI

28 - Familia

İ	G	B	A	K	F	A	T	C	J	L	E	Z	Y	E	T
N	K	U	C	O	Ç	K	Q	S	K	E	R	E	J	M	D
U	E	İ	T	O	R	U	N	L	Y	A	K	N	E	Y	U
T	R	K	Z	K	Z	Ş	Y	A	S	G	E	N	S	R	C
T	K	T	A	L	V	E	Z	I	K	B	K	A	T	A	Ç
T	E	P	B	S	E	D	U	M	J	T	K	K	E	L	O
F	K	V	A	C	S	R	E	A	S	M	A	Ü	K	K	C
I	Y	B	B	Z	C	A	C	O	K	V	R	Y	G	U	U
K	E	U	K	K	V	K	N	H	T	Q	D	Ü	P	C	K
K	Ğ	T	Ü	R	T	Z	M	Y	Y	Ş	E	B	F	O	L
U	E	K	Y	K	K	I	V	Z	Q	E	Ş	P	A	Ç	U
Z	N	U	Ü	U	Y	K	O	V	Z	N	Ğ	C	E	B	K
E	P	F	B	J	R	Y	A	V	C	I	U	E	N	N	A
N	L	H	E	D	P	F	G	V	G	D	P	B	N	L	C
A	M	C	A	O	Y	J	F	Q	R	A	Z	C	I	P	M
T	Z	I	E	Z	A	C	J	Y	R	K	O	T	C	C	N

BÜYÜKANNE
BÜYÜK BABA
ATA
KADIN EŞ
İKİZLER
KIZ KARDEŞ
ERKEK KARDEŞ
KIZ EVLAT
ÇOCUKLUK
ANNE
KOCA
TORUN
ÇOCUK
ÇOCUKLAR
BABA
KUZEN
YEĞEN
ERKEK YEĞEN
TEYZE
AMCA

29 - Disciplinas Científicas

İ	M	M	Ü	N	O	L	O	J	İ	M	I	T	B	G	F
P	Y	P	K	I	Z	Y	M	Z	Y	Q	N	E	İ	C	T
R	Z	A	M	Y	T	O	G	S	U	P	J	R	Y	F	Q
A	N	A	T	O	M	İ	O	B	L	Z	J	M	O	İ	A
N	Ö	R	O	L	O	J	İ	L	Z	V	P	O	K	Z	R
B	Y	B	O	T	A	N	İ	K	O	U	G	D	İ	Y	K
İ	C	M	E	K	A	N	İ	K	V	J	D	İ	M	O	E
Y	O	İ	H	İ	K	Q	V	F	Z	L	İ	N	Y	L	O
O	O	L	İ	J	O	L	O	K	İ	S	P	A	A	O	L
L	M	İ	J	O	L	O	R	O	E	T	E	M	C	J	O
O	Z	B	D	L	K	J	D	A	N	B	A	İ	S	İ	J
J	K	L	K	O	Z	I	R	J	N	F	V	K	N	R	İ
İ	D	İ	K	Y	Z	İ	M	O	N	O	R	T	S	A	H
U	S	D	Z	S	R	B	L	Y	J	E	O	L	O	J	İ
T	L	G	M	O	İ	J	O	L	A	R	E	N	İ	M	T
K	Y	M	C	S	Y	P	E	K	O	L	O	J	İ	Y	C

ANATOMİ
ARKEOLOJİ
ASTRONOMİ
BİYOLOJİ
BİYOKİMYA
BOTANİK
EKOLOJİ
FİZYOLOJİ
JEOLOJİ
İMMÜNOLOJİ
DİLBİLİM
MEKANİK
METEOROLOJİ
MİNERALOJİ
NÖROLOJİ
PSİKOLOJİ
KIMYA
SOSYOLOJİ
TERMODİNAMİK
ZOOLOJİ

30 - Cocina

K	O	B	S	Ü	R	A	H	I	R	J	J	I	P	S	V
Y	B	N	A	N	C	B	P	Z	F	F	Z	I	A	K	M
R	G	V	H	H	I	F	U	M	U	Q	Q	J	T	U	V
I	Q	Y	D	H	A	M	T	I	E	Y	K	E	M	E	Y
B	E	Y	L	S	Z	R	J	K	Ç	S	A	I	E	B	K
L	B	C	S	I	O	Z	A	Y	P	Ü	Z	H	N	F	I
E	V	O	E	Z	Z	O	Y	T	E	N	A	L	S	A	Y
P	Z	V	S	G	Ö	N	L	Ü	K	G	N	R	D	E	B
G	Z	G	A	A	G	A	I	S	A	E	G	V	T	V	U
N	B	I	E	R	T	V	K	R	Ç	R	G	S	V	D	Z
J	A	D	V	A	Z	A	V	Q	I	I	I	M	E	M	D
C	I	A	R	S	Z	K	N	N	B	F	G	R	G	P	O
D	O	N	D	U	R	U	C	U	B	A	R	D	A	K	L
Ç	A	T	A	L	L	A	R	P	E	Ç	E	T	E	P	A
Q	D	K	N	C	Y	P	V	J	V	S	E	R	S	S	B
H	G	N	P	T	H	G	S	K	A	Ş	I	K	D	K	I

KAZAN
YEMEK
GIDA
DONDURUCU
KAŞIK
KEPÇE
BIÇAK
ÖNLÜK
BAHARAT
SÜNGER
FIRIN
SÜRAHI
IZGARA
BUZDOLABI
PEÇETE
KAVANOZ
BARDAK
TAS
ÇATALLAR

31 - Electricidad

P	P	N	P	L	O	L	B	A	K	H	A	E	E	I	D
K	O	E	S	M	Y	L	Y	N	Q	L	J	L	L	B	E
Q	Z	S	A	B	M	U	U	F	O	S	N	E	E	V	P
C	İ	N	Z	T	N	P	U	M	F	F	P	K	K	S	O
D	T	E	M	E	A	M	G	L	S	P	R	T	T	P	L
L	İ	N	M	L	Ğ	A	M	D	I	U	Z	R	R	J	A
A	F	O	S	E	B	V	R	U	T	F	Z	İ	İ	H	M
M	Q	Y	S	F	I	J	K	B	A	P	C	K	K	I	A
B	U	Z	N	O	P	I	L	L	N	A	K	Ç	N	P	G
A	U	İ	D	N	H	V	Q	B	K	N	Z	İ	I	E	R
T	Y	V	Y	P	T	A	D	R	I	E	I	T	F	G	A
O	E	E	O	B	Y	F	A	F	M	Z	G	P	M	H	E
K	I	L	A	F	U	J	E	N	E	R	A	T	Ö	R	E
K	L	E	L	R	V	Z	N	L	A	Z	E	R	Y	R	Y
L	L	T	U	E	A	P	U	C	Z	O	H	L	Y	Q	I
Z	C	S	D	A	R	K	D	J	Q	J	S	S	R	K	S

DEPOLAMA
PIL
AMPUL
KABLO
TELLER
ELEKTRİKÇİ
ELEKTRİK
YUVA
JENERATÖR
MIKNATIS
LAMBA
LAZER
OLUMSUZ
NESNE
POZİTİF
AĞ
TELEVİZYON
TELEFON

32 - Salud y Bienestar #1

E	U	K	T	C	A	D	N	B	Z	U	I	K	T	C	G
J	T	F	V	U	D	O	K	T	O	R	M	L	E	Z	V
O	L	K	V	K	R	Y	Z	G	Z	G	D	İ	D	Y	V
Q	I	I	I	E	C	Z	A	N	E	C	E	N	A	C	M
U	C	L	D	N	K	T	T	F	R	K	F	İ	V	R	R
J	R	K	I	Q	E	B	Z	L	C	I	I	K	I	B	Q
H	N	E	V	O	M	H	O	R	M	O	N	R	I	U	S
R	L	S	F	T	İ	R	E	T	K	A	B	H	I	K	J
A	U	K	C	K	K	Z	H	M	Q	G	G	D	S	K	P
G	J	Ü	N	O	L	E	E	O	F	L	A	M	K	R	L
D	T	Y	A	N	E	J	B	Z	O	İ	S	Ç	E	B	K
B	V	H	Ş	U	R	U	D	H	C	P	Ü	A	L	F	H
H	B	M	V	Y	C	K	A	S	L	A	R	L	F	I	R
A	L	I	Ş	K	A	N	L	I	K	R	İ	İ	E	J	K
R	A	H	A	T	L	A	M	A	F	E	V	O	R	J	K
P	N	C	Y	P	B	H	U	F	K	T	Y	K	Z	U	F

ETKIN
YÜKSEKLIK
BAKTERİ
KLİNİK
DOKTOR
ECZANE
KIRIK
AÇLIK
ALIŞKANLIK
HORMON
KEMİKLER
İLAÇ
KASLAR
CILT
DURUŞ
REFLEKS
RAHATLAMA
TERAPİ
TEDAVI
VİRÜS

33 - Adjetivos #2

Y	K	U	R	U	B	A	H	A	R	A	T	L	I	G	G
E	E	A	Ç	I	K	L	A	Y	I	C	I	M	K	Ü	I
T	F	N	M	U	Y	Ü	R	E	T	K	E	N	M	Ç	I
D	I	Y	I	O	A	E	Ü	N	L	Ü	C	R	D	L	V
E	R	R	E	L	O	K	N	T	A	Z	E	N	I	Ü	K
N	A	A	D	Q	E	E	N	I	L	K	I	L	Ğ	A	S
T	Z	S	M	H	U	B	Q	O	B	U	M	M	M	H	N
E	N	O	A	A	D	S	I	U	I	N	O	M	A	B	O
R	O	R	F	Y	T	F	Q	L	C	U	P	T	S	P	L
E	R	U	B	V	D	İ	I	Z	I	G	G	F	J	D	O
S	M	M	O	K	S	B	K	U	T	R	D	O	Ğ	A	L
A	A	L	E	Y	R	J	V	T	A	O	V	H	C	R	A
N	L	U	L	R	U	R	U	G	R	Y	Q	S	S	T	J
H	H	B	E	N	C	O	K	M	A	F	V	U	R	V	I
S	L	P	P	V	D	B	Y	J	Y	M	B	U	E	V	B
M	D	H	A	C	G	T	G	J	F	D	M	E	V	A	N

YORGUN
YENILEBILIR
YARATICI
AÇIKLAYICI
DRAMATİK
ZARIF
ÜNLÜ
TAZE
GÜÇLÜ
ENTERESAN
DOĞAL
NORMAL
YENI
GURURLU
BAHARATLI
ÜRETKEN
SORUMLU
TUZLU
SAĞLIKLI
KURU

34 - Cuerpo Humano

A	O	Z	G	S	P	M	J	M	P	A	B	Ç	A	M	P
Y	N	K	E	Z	I	K	T	Y	A	M	E	E	A	I	J
A	H	A	D	A	Y	B	Y	A	R	B	Y	N	D	U	Z
K	M	C	Ğ	L	G	U	C	O	M	R	I	E	C	R	U
B	Q	A	Z	I	D	R	J	S	A	D	N	K	D	S	D
I	A	B	Y	Q	Z	U	C	N	K	P	Ş	A	B	Z	Y
L	A	G	E	F	U	N	P	I	G	I	E	L	E	N	Ü
E	D	B	R	E	M	U	U	Q	L	Z	N	P	I	H	Z
Ğ	B	Z	Y	O	O	Y	A	S	A	T	D	Q	F	D	Ö
I	A	P	B	P	I	O	R	L	Q	K	U	L	A	K	G
I	F	V	Z	C	D	B	K	A	N	D	D	N	F	T	Y
O	B	E	G	P	I	Z	R	D	R	G	F	F	C	J	F
E	E	Q	P	F	R	F	M	A	P	O	I	U	T	C	T
B	B	G	E	Y	S	M	Z	R	P	R	E	Z	T	K	C
Q	S	G	Q	S	E	S	L	D	P	D	N	B	G	M	U
E	Y	H	P	S	K	M	J	B	O	B	Y	F	U	G	O

ÇENE
AĞIZ
BAŞ
YÜZ
BEYIN
DIRSEK
KALP
BOYUN
PARMAK
OMUZ

DIL
EL
BURUN
GÖZ
KULAK
CILT
BACAK
DIZ
KAN
AYAK BILEĞI

35 - Ciencia

O	R	G	A	N	İ	Z	M	A	H	R	H	Y	E	O	Y
S	P	N	H	G	Q	R	C	E	I	Y	Ö	N	T	E	M
I	E	A	K	I	H	A	G	J	P	A	Ğ	O	D	C	E
Z	P	Z	A	T	A	V	L	S	O	T	A	D	C	C	N
S	Z	Q	Z	I	E	U	E	V	T	O	D	E	N	E	Y
G	Ö	Z	L	E	M	T	D	M	E	M	G	E	T	Y	P
F	L	A	A	M	N	A	V	L	Z	Q	T	Y	R	E	A
N	İ	S	V	R	M	R	M	O	L	E	K	Ü	L	R	R
D	S	Z	J	M	N	O	F	C	O	M	I	G	Y	Ç	Ç
H	O	G	İ	B	A	B	Y	A	Q	F	A	A	L	E	A
T	F	I	E	K	L	A	S	A	Y	M	I	K	S	K	C
I	P	F	Y	R	E	L	L	A	R	E	N	İ	M	İ	I
A	K	N	D	L	Ç	E	V	R	I	M	L	C	Q	M	K
I	I	L	A	L	R	E	L	İ	K	T	İ	B	S	İ	L
Y	R	C	I	O	B	Z	K	H	R	T	A	R	L	D	A
T	R	C	R	M	S	Z	V	E	R	I	V	Q	L	I	R

ATOM
IKLIM
VERI
EVRIM
DENEY
FİZİK
FOSİL
YERÇEKİMİ
GERÇEK
HIPOTEZ
LABORATUVAR
YÖNTEM
MİNERALLER
MOLEKÜL
DOĞA
GÖZLEM
ORGANİZMA
PARÇACIKLAR
BİTKİLER
KIMYASAL

36 - Restaurante #2

K	H	F	Y	K	K	E	V	Y	F	E	C	A	C	J	B
Z	E	V	I	N	G	Y	Y	P	Z	J	B	A	L	I	K
S	Ç	K	N	G	U	J	Z	B	L	F	L	O	T	I	H
A	A	Ç	O	R	B	A	I	G	T	A	R	A	H	A	B
L	T	G	S	C	K	N	D	P	U	N	D	R	V	Q	S
A	A	S	R	L	R	M	U	A	Z	R	S	D	E	K	E
T	L	L	A	I	L	T	E	Z	Z	E	L	U	R	A	B
A	S	V	G	V	L	E	Z	Y	N	M	H	Q	İ	Ş	Z
B	A	T	F	Q	T	D	E	Y	V	U	B	T	Ş	I	E
P	N	G	C	I	L	R	M	U	Y	E	F	Z	T	K	L
M	D	Q	R	C	O	U	K	M	P	L	H	N	E	B	E
I	A	M	F	Y	G	R	I	U	V	Z	F	F	Z	I	R
H	L	D	C	Z	O	C	E	R	R	I	A	H	I	C	L
T	Y	J	Z	K	J	V	D	T	O	U	B	U	Z	J	Y
B	E	Q	U	U	Q	R	E	A	D	E	G	E	P	R	Z
Q	P	E	A	E	K	U	V	J	L	M	A	C	Z	H	K

SU
MEZE
GARSON
KAŞIK
LEZZETLI
SALATA
BAHARAT
ERİŞTE
MEYVE

BUZ
YUMURTA
KEK
BALIK
TUZ
SANDALYE
ÇORBA
ÇATAL
SEBZELER

37 - Profesiones #1

A	U	G	M	F	B	J	H	D	A	N	S	Ç	I	G	U
S	T	E	L	T	A	K	E	A	D	R	M	Q	J	M	N
T	S	R	İ	G	N	K	U	O	R	Ö	T	İ	D	E	D
R	İ	I	Ç	O	K	N	T	Y	L	I	I	G	F	H	U
O	N	Ş	L	L	A	Z	B	F	U	O	T	I	A	B	M
N	A	M	E	O	C	V	J	O	C	M	G	A	C	B	P
O	Y	E	K	K	I	R	F	Y	Z	L	C	P	C	N	R
M	İ	H	Ü	İ	G	O	V	I	V	Q	A	U	P	I	A
Q	P	B	Y	S	I	T	F	A	I	Y	E	C	I	Ç	V
K	H	O	Ü	P	Q	K	A	U	A	P	O	Q	V	T	C
T	K	P	B	L	U	O	L	M	I	F	C	R	A	A	I
D	Y	Y	J	N	M	D	L	A	D	Q	E	S	V	S	I
V	E	T	E	R	İ	N	E	R	K	T	I	M	U	I	V
Y	B	F	P	P	P	Z	Z	T	N	D	C	O	K	S	V
F	O	E	S	O	M	Ü	Z	İ	S	Y	E	N	A	E	T
P	C	C	O	N	E	J	H	O	N	I	G	A	T	T	L

AVUKAT
ASTRONOM
ATLET
DANSÇI
BANKACI
ITFAIYECI
HARITACI
AVCI
DOKTOR
EDİTÖR
BÜYÜKELÇİ
HEMŞIRE
KOÇ
TESISATÇI
JEOLOG
KUYUMCU
MÜZİSYEN
PİYANİST
PSİKOLOG
VETERİNER

38 - Vehículos

U	Q	D	A	E	E	R	Q	U	A	F	F	H	G	C	C
Q	Z	T	Q	Y	O	G	D	H	M	E	N	E	R	T	A
O	N	F	H	G	Q	G	Q	R	B	R	G	L	M	J	H
D	Q	P	L	I	B	L	F	Q	U	İ	M	İ	J	G	G
O	G	B	N	A	F	J	Q	Z	L	B	I	K	R	L	U
D	Q	C	F	D	G	D	A	V	A	O	B	O	A	Q	Ç
D	E	N	İ	Z	A	L	T	I	N	T	K	P	R	E	A
L	Y	Q	P	K	E	A	O	E	S	Z	F	T	A	Q	K
T	A	S	Q	R	E	S	J	Z	R	Ü	Q	E	B	C	O
A	R	S	R	G	Q	R	K	B	U	A	B	R	A	L	K
K	O	M	T	Y	N	G	V	C	K	J	D	O	P	U	A
S	K	E	Z	İ	U	C	E	A	R	D	O	T	T	B	M
İ	E	T	D	O	K	F	R	B	N	K	T	O	A	O	Y
S	T	R	J	I	V	L	E	P	V	A	N	M	N	T	O
B	E	O	E	Z	N	T	E	L	K	I	S	I	B	J	N
M	Y	K	G	U	V	B	P	R	Ö	T	K	A	R	T	Q

AMBULANS
OTOBÜS
UÇAK
SAL
BOT
BISIKLET
KAMYON
KERVAN
ARABA
ROKET
FERİBOT
VAN
HELİKOPTER
METRO
MOTOR
LASTİKLER
DENİZALTI
TAKSİ
TRAKTÖR
TREN

39 - Geometría

N	E	U	B	Y	F	E	H	A	T	F	Q	M	P	D	P
T	E	O	R	İ	Ü	K	O	F	N	A	B	A	I	L	M
B	E	L	T	I	K	Z	C	O	U	B	O	N	H	I	T
O	Ğ	Q	U	P	H	V	E	T	M	H	Y	T	R	H	Z
Y	R	L	N	C	K	B	O	Y	A	C	U	I	H	U	Z
Q	I	R	C	G	V	G	R	K	R	Q	T	K	T	I	I
S	V	N	T	H	D	S	V	S	A	M	T	V	Y	Q	C
C	O	R	A	N	H	E	S	A	P	L	A	M	A	K	Ç
Y	A	T	A	Y	Ü	U	K	J	Q	S	Z	Ü	N	O	A
F	Q	P	L	Z	D	Ç	Q	M	Y	İ	Y	L	H	Ş	P
C	U	G	K	I	Q	E	G	Y	F	M	T	Ö	R	U	I
S	I	Z	M	L	G	S	M	E	T	E	H	B	Q	T	K
Y	Ü	K	S	E	K	L	I	K	N	T	V	H	E	B	V
Z	M	O	S	J	A	J	R	I	R	R	I	T	H	V	H
D	E	N	K	L	E	M	M	D	F	İ	B	P	K	M	V
A	A	Q	O	V	I	A	Ç	I	Y	U	O	J	H	D	L

YÜKSEKLIK
AÇI
HESAPLAMA
EĞRI
ÇAP
BOYUT
DENKLEM
YATAY
MANTIK
KITLE
MEDYAN
NUMARA
KOŞUT
ORAN
BÖLÜM
SİMETRİ
YÜZEY
TEORİ
ÜÇGEN
DIKEY

40 - Vacaciones #2

H	V	B	B	M	V	K	B	A	P	D	L	Q	P	N	P
A	U	G	Q	E	G	P	S	S	T	A	H	A	Y	E	S
R	H	A	D	A	I	B	U	L	S	Ğ	M	D	P	R	N
İ	T	G	D	S	T	C	Y	I	M	L	K	E	L	T	K
T	R	O	P	A	S	A	P	H	L	A	I	N	A	J	H
A	H	C	U	E	O	D	V	V	Z	R	L	I	J	T	S
F	O	T	O	Ğ	R	A	F	L	A	R	I	Z	F	R	Q
Q	B	O	U	S	B	E	B	L	J	V	C	D	N	J	B
S	J	T	Z	B	I	N	A	M	İ	L	A	V	A	H	Z
N	Q	Z	A	F	Q	P	B	O	Ş	U	M	H	R	Ç	Y
J	K	R	Q	K	Y	S	H	S	I	U	I	O	O	R	A
V	S	B	E	Y	S	C	A	E	H	J	Ş	T	T	C	M
A	B	D	S	R	T	İ	E	Z	D	B	A	E	S	R	A
Y	A	B	A	N	C	I	O	İ	M	E	T	L	E	M	L
K	J	Z	I	M	H	M	N	V	D	U	F	K	R	R	O
D	E	P	Q	C	D	H	K	Z	L	J	J	M	N	V	A

HAVALİMANI
ÇADIR
HEDEF
YABANCI
FOTOĞRAFLAR
OTEL
ADA
HARİTA
DENIZ
DAĞLAR
BOŞ
PASAPORT
PLAJ
RESTORAN
TAKSİ
TAŞIMACILIK
TREN
SEYAHAT
VİZE

41 - Baile

H	M	Q	R	S	J	T	N	U	F	Y	J	H	K	P	A
D	A	V	O	A	Z	D	O	İ	R	B	B	P	O	Y	G
D	F	R	K	U	O	L	C	M	U	P	I	R	R	C	J
C	U	L	E	S	K	E	N	E	L	E	G	O	E	O	G
B	T	Y	G	K	I	R	E	D	S	U	F	V	O	R	Ö
L	Ü	C	G	T	E	Ü	S	A	I	J	F	A	G	T	R
T	L	A	K	U	U	T	R	K	F	R	Z	A	R	A	S
K	T	A	H	K	I	L	M	A	L	N	A	K	A	K	E
I	Ş	U	R	U	D	Ü	O	T	L	K	C	I	F	H	L
N	O	E	C	M	Q	K	I	K	F	M	D	N	İ	H	Z
O	U	M	R	Ü	T	L	Ü	K	R	İ	T	İ	M	J	R
V	S	U	G	Z	V	B	V	O	I	H	A	G	T	A	G
B	E	M	S	I	L	E	Ş	E	N	I	N	R	D	R	M
Y	K	F	B	K	İ	S	A	L	K	I	A	Q	M	R	J
N	E	K	J	N	G	F	Z	L	B	S	S	Z	E	U	E
I	Z	B	I	Y	T	F	N	Q	G	A	O	T	A	B	O

AKADEMİ
NEŞELI
SANAT
KLASİK
KOREOGRAFİ
VÜCUT
KÜLTÜR
KÜLTÜREL
DUYGU
PROVA
ANLAMLI
LÜTUF
HAREKET
MÜZIK
DURUŞ
RİTİM
ORTAK
GELENEKSEL
GÖRSEL

42 - Matemáticas

K	Ü	R	E	P	F	D	F	Y	O	J	K	A	A	F	S
Y	K	A	R	İ	T	M	E	T	İ	K	A	Ç	E	G	J
O	A	O	I	S	A	Y	I	L	A	R	R	I	S	E	K
N	S	R	Ş	M	Ü	G	A	K	K	D	E	L	L	F	V
D	İ	M	I	U	I	Y	F	P	A	U	D	A	H	Y	J
A	M	G	S	Ç	T	B	J	E	S	J	L	R	H	K	D
L	E	N	L	A	A	Ç	O	K	G	E	N	G	A	C	F
I	T	Q	I	F	F	P	Ç	E	V	R	E	O	C	N	U
K	R	P	İ	M	Q	F	O	A	V	F	G	L	I	I	Q
U	İ	Z	R	Y	K	Z	U	I	A	H	Ç	O	M	F	T
P	Ç	G	T	L	E	H	G	G	D	Y	Ü	N	U	P	H
R	A	N	E	K	L	E	L	A	R	A	P	E	D	Y	N
J	P	U	M	E	L	K	N	E	D	J	Z	A	M	G	L
G	C	T	O	E	I	H	K	L	T	U	G	V	Z	R	J
B	T	N	E	G	T	R	Ö	D	K	I	D	O	P	E	K
S	O	E	G	Y	I	C	Q	Z	P	P	U	I	U	F	V

ARİTMETİK
AÇILAR
KARE
ONDALIK
ÇAP
DENKLEM
KÜRE
ÜS
KESIR
GEOMETRİ
SAYILAR
KOŞUT
PARALELKENAR
ÇEVRE
ÇOKGEN
YARIÇAP
DIKDÖRTGEN
SİMETRİ
ÜÇGEN
HACIM

43 - Restaurante #1

F	U	B	N	L	P	S	V	H	H	D	V	I	P	C	T
S	N	D	M	P	K	K	C	J	P	E	M	L	E	A	V
R	E	Z	E	R	V	A	S	Y	O	N	E	T	Ç	L	O
B	C	F	Y	L	Y	Ç	O	I	N	V	H	A	E	E	I
A	I	G	P	B	Q	I	S	A	T	P	L	R	T	R	I
Y	O	M	J	G	K	B	L	Y	D	G	I	A	E	J	O
A	Z	R	U	M	E	N	Ü	S	E	Y	I	H	I	İ	S
N	N	P	M	T	B	S	J	O	F	J	Y	A	Q	D	C
G	U	F	B	I	F	K	A	H	V	E	M	B	C	U	T
A	Y	Q	Q	R	Q	A	C	P	S	M	N	B	O	J	A
R	O	F	M	R	T	Y	K	E	M	K	E	I	J	N	T
S	G	I	D	A	O	S	E	U	E	G	T	G	E	B	L
O	C	B	T	F	G	A	N	M	V	P	F	B	B	O	I
N	P	I	L	C	Y	B	T	Z	E	A	I	E	L	O	Z
M	U	T	A	B	A	K	O	F	D	K	T	G	G	T	C
L	Z	L	F	A	O	S	J	I	D	A	P	V	K	G	R

ALERJİ
KAHVE
BAYAN GARSON
ET
MUTFAK
YEMEK
GIDA
BIÇAK
MENÜ
EKMEK
BAHARATLI
TABAK
TAVUK
TATLI
REZERVASYON
SOS
PEÇETE
TAS

44 - Profesiones #2

B	A	H	Ç	I	V	A	N	M	D	T	L	K	A	D	E
Ö	Ğ	R	E	T	M	E	N	Ü	H	U	Q	I	E	S	H
E	Y	U	H	G	E	N	A	H	P	Ü	T	Ü	K	A	A
E	T	N	F	R	Q	I	C	E	T	E	Z	A	G	R	S
Z	E	H	S	O	O	B	F	N	S	Z	V	R	D	A	T
D	A	R	V	N	T	M	K	D	M	O	R	C	Q	Ş	R
R	R	O	S	N	O	O	E	I	A	O	M	R	D	T	O
D	I	Ş	Ç	I	L	I	Ğ	S	Z	L	U	E	O	I	N
T	U	D	M	F	İ	F	D	R	F	O	C	S	K	R	O
T	T	E	P	K	P	J	E	E	A	G	I	S	T	M	T
B	İ	Y	O	L	O	G	D	Z	C	F	T	A	O	A	M
F	İ	L	O	Z	O	F	E	I	E	O	Ç	M	R	C	Y
P	I	L	Q	K	M	A	K	Ç	R	M	Z	I	C	I	Y
U	Y	V	I	Y	B	D	T	N	R	Z	L	V	Y	O	R
Q	T	E	L	G	L	E	İ	A	A	K	E	I	D	I	F
Z	U	Y	R	K	D	T	F	F	H	Q	B	J	D	N	C

ASTRONOT
KÜTÜPHANE
BİYOLOG
CERRAH
DIŞÇI
DEDEKTİF
FİLOZOF
FOTOĞRAFÇI
ÇIZER
MÜHENDIS
MUCIT
ARAŞTIRMACI
BAHÇIVAN
DOKTOR
GAZETECI
PİLOT
RESSAM
ÖĞRETMEN
ZOOLOG

45 - Naturaleza

F	Q	S	V	S	R	C	A	R	K	T	I	K	O	T	F
E	Q	P	P	B	A	P	D	U	N	Z	J	Z	R	R	D
G	Ü	Z	E	L	L	I	K	A	F	K	M	K	M	O	F
F	L	C	U	A	R	Q	U	K	Ğ	İ	B	D	A	P	J
B	A	R	I	N	A	K	L	İ	J	L	N	T	N	İ	I
Q	N	M	P	G	A	E	C	M	B	L	A	H	I	K	E
B	U	Z	U	L	H	I	V	A	U	İ	A	R	M	A	L
H	V	E	R	O	Z	Y	O	N	L	Ş	Ç	Ö	L	L	H
B	O	I	K	C	E	Y	H	İ	U	E	C	I	F	H	A
V	A	C	Y	G	T	B	J	D	T	Y	E	F	I	U	Y
S	A	H	U	Z	U	R	L	U	L	N	E	H	I	R	V
İ	A	H	A	T	Z	M	T	R	A	D	U	Q	M	Y	A
S	D	K	Ş	Q	S	S	N	K	R	I	Y	N	V	J	N
G	V	J	İ	İ	T	A	Y	A	H	P	P	G	U	D	L
B	Y	Q	J	N	I	Q	J	Q	E	Y	P	J	F	D	A
H	M	S	D	H	T	G	I	D	E	D	K	E	U	P	R

ARLAR
HAYVANLAR
ARKTIK
GÜZELLIK
ORMAN
ÇÖL
DİNAMİK
EROZYON
YEŞİLLİK
BUZUL
DAĞLAR
SİS
BULUTLAR
HUZURLU
NEHIR
VAHŞİ
BARINAK
SAKİN
TROPİKAL
HAYATİ

46 - Conduciendo

A	M	M	Q	Y	G	M	I	U	U	Q	Q	O	P	F	U
Z	V	O	O	Q	H	O	J	P	L	A	S	N	H	R	Y
F	E	T	S	J	V	T	E	Y	İ	N	M	E	I	E	A
U	J	O	M	F	U	O	A	R	E	S	Z	P	Z	N	F
B	Y	S	Y	F	F	R	Z	J	T	O	P	Y	L	L	F
D	Q	İ	N	O	Y	M	A	K	E	K	I	L	H	E	T
G	D	K	A	A	T	N	S	H	F	A	Q	J	S	R	N
A	N	L	I	I	S	İ	L	O	P	K	G	B	Y	T	Q
U	L	E	N	Ü	T	İ	L	A	V	İ	A	B	A	R	A
L	A	T	Y	N	Z	G	L	U	M	F	R	V	Y	U	Z
F	L	S	T	G	N	J	K	H	S	A	A	R	A	L	S
F	L	L	O	C	A	Y	S	F	Z	R	J	D	Z	R	B
K	T	J	G	G	P	Z	A	U	M	T	C	E	I	V	P
H	A	R	İ	T	A	L	Z	K	O	K	I	H	O	H	Q
U	L	K	I	L	I	C	A	M	I	Ş	A	T	J	S	P
G	Z	Y	Z	S	Q	T	K	F	A	T	Y	A	E	F	K

KAZA
SOKAK
KAMYON
ARABA
YAKIT
FRENLER
GARAJ
GAZ
LİSANS
HARİTA
MOTOSİKLET
MOTOR
YAYA
TEHLIKE
POLİS
EMNİYET
TAŞIMACILIK
TRAFİK
TÜNEL
HIZ

47 - Ballet

F	E	K	B	A	K	A	S	L	A	R	R	O	A	E	K
O	A	P	E	N	B	P	N	B	M	N	İ	Q	R	H	O
G	D	L	C	L	E	B	B	K	Q	S	T	E	T	T	R
D	I	V	E	A	S	R	G	A	H	T	İ	S	S	N	E
T	A	R	R	M	T	K	C	P	U	S	M	A	E	K	O
A	V	N	I	L	E	Y	O	Ğ	U	N	L	U	K	J	G
R	O	İ	S	I	C	P	L	H	S	U	T	E	R	J	R
Z	R	R	B	Ç	I	S	O	B	A	Q	K	N	O	N	A
V	P	E	Z	F	I	Z	S	B	N	M	Ü	Z	I	K	F
B	D	L	S	O	R	L	M	F	A	T	U	L	F	A	İ
G	J	A	O	E	Z	V	A	İ	T	E	B	D	F	M	O
T	G	B	U	I	Y	A	S	R	S	K	A	O	O	Q	P
M	Q	N	V	C	D	I	N	A	A	N	G	D	A	I	R
A	L	K	I	Ş	G	O	R	Z	L	İ	R	J	V	J	G
J	S	I	V	C	O	G	J	C	I	K	A	E	K	F	F
H	U	Q	M	U	S	A	T	G	I	H	O	L	D	C	J

ZARİF
ALKIŞ
SANATSAL
SEYIRCI
BALERİN
DANSÇILAR
BESTECI
KOREOGRAFİ
PROVA
TARZ

ANLAMLI
JEST
BECERI
YOĞUNLUK
KASLAR
MÜZIK
ORKESTRA
RİTİM
SOLO
TEKNİK

48 - Fuerza y Gravedad

H	L	L	K	J	J	L	T	U	T	M	Q	G	L	L	E
A	L	K	S	Q	H	C	R	V	S	O	E	F	R	S	D
R	Ö	Z	E	L	L	İ	K	L	E	R	M	S	F	A	M
E	L	E	M	E	J	M	Ü	J	M	C	E	S	A	J	U
K	B	K	L	S	G	A	L	M	N	Z	K	B	O	F	V
E	I	R	E	N	E	N	K	M	Ü	I	A	B	T	I	E
T	Y	E	K	E	N	Y	Ü	Y	T	T	N	A	Y	Ş	J
Y	T	M	S	R	I	E	Y	R	R	V	İ	S	D	E	T
D	B	Z	E	V	Ş	T	Ü	K	Ü	C	K	I	R	K	M
D	İ	P	N	E	L	İ	B	H	S	U	N	N	P	V	Y
E	P	N	C	A	E	Z	I	H	U	C	V	Ç	J	H	U
F	G	R	A	J	M	M	Y	Ö	R	Ü	N	G	E	Q	I
İ	O	Q	C	M	E	A	V	L	J	S	C	F	P	J	K
Z	J	G	R	G	İ	G	E	Z	E	G	E	N	L	E	R
İ	K	Q	Q	C	K	K	I	L	R	I	Ğ	A	S	S	L
K	Z	A	M	A	N	H	J	O	T	R	G	Q	P	B	U

MERKEZ
KEŞİF
DİNAMİK
MESAFE
EKSEN
GENİŞLEME
FİZİK
SÜRTÜNME
MANYETİZMA
BÜYÜKLÜK
MEKANİK
HAREKET
YÖRÜNGE
AĞIRLIK
GEZEGENLER
BASINÇ
ÖZELLİKLER
ZAMAN
EVRENSEL
HIZ

49 - Aventura

Q	G	D	O	S	Q	H	S	Z	S	L	Q	A	Ş	H	J
R	S	E	V	İ	N	Ç	E	D	O	Ğ	A	R	A	E	Z
G	T	M	U	O	A	D	F	D	T	H	U	K	N	D	C
T	E	R	A	S	E	C	E	L	I	G	M	A	S	E	A
O	Y	Z	G	I	K	S	R	G	H	C	K	D	U	F	J
L	İ	K	I	L	R	I	Z	A	H	V	L	A	G	Z	H
A	N	U	N	S	R	C	L	L	Y	N	K	Ş	Q	E	N
Ğ	M	L	E	E	O	I	I	L	E	K	I	L	H	E	T
A	E	R	Y	Y	K	T	D	E	E	P	E	A	A	C	E
N	C	O	K	A	L	R	Z	L	Z	Z	I	R	G	K	O
D	T	Z	E	H	A	I	U	Z	K	I	Ü	M	R	A	Y
I	P	V	V	A	Z	Ş	P	F	N	H	Q	G	E	P	S
Ş	B	D	Z	T	J	A	C	R	R	E	N	A	Z	P	B
I	Z	P	F	L	Q	Ş	F	E	H	V	F	A	Ü	J	Q
P	G	L	A	E	O	M	M	K	A	E	G	S	G	U	K
B	S	T	J	R	N	O	V	E	H	S	C	N	G	S	Z

SEVİNÇ
ARKADAŞLAR
GÜZELLIK
HEDEF
ZORLUK
HEVES
GEZI
OLAĞAN DIŞI
GÜZERGAH
DOĞA
SEFER
YENI
ŞANS
TEHLIKELI
HAZIRLIK
EMNİYET
ŞAŞIRTICI
CESARET
SEYAHATLER

50 - Pájaros

Y	S	Q	B	F	K	R	F	H	R	Ş	A	H	I	N	L
U	E	K	Z	A	L	I	E	J	Z	V	P	N	E	H	E
M	R	T	E	G	L	A	T	R	A	K	E	D	R	Ö	Y
U	Ç	C	B	R	D	I	M	N	C	E	O	C	V	S	L
R	E	P	H	A	E	G	K	İ	S	I	M	T	V	F	E
T	C	N	A	K	U	T	Z	Ç	N	T	U	Y	Y	Q	K
A	S	C	D	P	K	U	Ğ	U	I	G	T	Q	E	P	P
Z	G	H	E	N	A	O	O	O	K	L	O	N	K	A	Z
I	J	L	V	G	Q	Ğ	K	L	B	K	S	E	K	P	J
Y	Y	O	E	G	M	T	A	F	T	A	V	U	K	E	F
G	U	E	K	V	N	J	A	N	L	Z	C	G	L	L	D
E	H	M	U	E	E	N	Y	G	Z	M	A	N	M	İ	O
V	S	J	Ş	D	M	Z	M	D	Z	F	E	E	A	K	G
H	S	L	U	K	A	A	H	P	Z	D	C	P	R	A	I
T	L	U	C	C	G	J	O	O	D	Q	K	Q	T	N	D
P	N	İ	C	R	E	V	Ü	G	U	G	U	K	I	Q	B

DEVEKUŞU
KARTAL
LEYLEK
KUĞU
GUGUK
KARGA
FLAMİNGO
KAZ
BALIKÇIL
MARTI
SERÇE
ŞAHIN
YUMURTA
PAPAĞAN
GÜVERCİN
ÖRDEK
PELİKAN
PENGUEN
TAVUK
TUKAN

51 - Geografía

G	F	H	F	B	D	Q	Z	U	D	B	R	A	S	A	T
V	A	D	A	A	E	S	L	F	J	Ö	P	F	Z	I	D
H	T	F	H	L	Z	Z	K	D	G	L	I	H	Q	O	Z
C	İ	N	J	R	J	U	S	T	E	G	A	U	Y	N	Y
Q	R	I	H	E	N	B	J	J	J	E	A	M	K	J	A
B	A	V	Y	D	M	E	B	Y	E	H	I	K	L	Y	N
J	H	J	V	O	E	E	O	H	F	B	R	N	H	B	S
O	Ğ	A	D	K	L	K	R	C	A	I	O	A	U	D	J
Z	F	T	S	I	N	L	Z	İ	G	I	U	L	K	B	Z
M	L	L	M	T	E	Ü	D	A	D	K	E	N	T	I	A
Z	I	A	N	A	E	K	E	A	H	Y	E	Z	U	K	M
B	J	S	Z	G	D	V	V	T	J	S	E	I	J	R	I
D	Ü	N	Y	A	V	B	Y	A	C	A	A	N	S	Q	B
B	A	T	I	D	K	T	V	C	T	A	Y	E	N	Ü	G
Y	A	R	I	M	K	Ü	R	E	C	O	K	D	P	S	H
B	O	Y	L	A	M	F	K	F	G	A	R	H	E	Y	L

RAKIM
ATLAS
KENT
KITA
EKVATOR
YARIMKÜRE
ADA
ENLEM
BOYLAM
HARİTA
DENIZ
MERİDYEN
DAĞ
DÜNYA
KUZEY
BATI
ÜLKE
NEHIR
GÜNEY
BÖLGE

52 - Música

D	S	I	R	V	H	D	P	O	R	N	Z	T	K	V	O
O	H	I	A	G	S	A	Q	C	R	Z	P	J	A	O	P
Ğ	E	N	K	L	E	S	R	İ	İ	Ş	L	T	Y	K	E
A	F	E	S	J	Q	E	Y	M	Ü	B	L	A	I	A	R
Ç	F	H	N	S	R	M	İ	D	O	L	E	M	T	L	A
L	N	G	R	G	M	J	Q	N	P	N	S	P	E	C	S
A	F	V	T	F	R	Ü	K	İ	M	T	İ	R	N	R	Q
M	K	K	N	E	H	A	Z	K	E	E	Z	K	S	M	K
A	G	İ	O	T	B	Y	M	İ	T	İ	R	İ	T	M	V
J	O	S	S	R	E	N	R	D	S	Y	D	R	R	T	A
H	D	A	N	Q	O	V	Z	T	L	Y	R	İ	Ü	S	N
P	S	L	M	Ü	Z	İ	K	A	L	A	E	L	M	B	U
M	İ	K	R	O	F	O	N	Y	Q	F	N	N	A	V	V
T	F	Ş	A	R	K	I	C	I	H	N	J	O	N	N	G
T	L	Q	A	N	S	F	T	C	M	L	F	Z	F	L	S
A	V	Z	H	M	Y	U	O	G	I	R	I	P	U	G	N

AHENK
HARMONİK
ALBÜM
ŞARKICI
KLASİK
KORO
KAYIT
DOĞAÇLAMA
ENSTRÜMAN
LİRİK
MELODİ
MİKROFON
MÜZİKAL
MÜZİSYEN
OPERA
ŞİİRSEL
RİTİM
RİTMİK
TEMPO
VOKAL

53 - Enfermedad

H	U	B	H	D	I	Z	P	T	E	R	A	P	İ	A	K
V	F	P	A	H	İ	T	L	İ	I	G	V	E	C	F	A
N	Ü	I	I	K	L	M	A	D	N	D	J	D	R	Q	L
Ö	I	C	M	G	T	P	K	İ	N	O	R	K	L	D	I
R	L	I	U	I	R	E	L	İ	J	R	E	L	A	L	T
O	Q	Ş	N	T	N	R	R	E	L	K	İ	M	E	K	S
P	I	A	U	U	U	S	E	İ	A	L	R	R	S	J	A
A	A	L	L	K	E	T	B	L	Y	M	R	N	A	T	L
T	F	U	O	A	Y	U	M	I	N	E	D	L	Ğ	M	P
İ	C	B	S	J	U	B	O	D	P	E	L	V	L	Y	O
S	E	N	D	R	O	M	L	M	S	M	J	G	I	T	E
K	B	A	Ğ	I	Ş	I	K	L	I	K	K	O	K	V	A
Z	A	Y	I	F	L	M	G	R	G	E	N	E	T	İ	K
D	Z	R	H	E	G	G	L	J	S	R	I	T	C	A	F
Z	O	G	G	L	A	A	M	E	U	V	O	B	R	L	P
H	K	G	B	E	H	V	B	J	R	C	H	R	Z	D	L

AKUT
ALERJİLER
BAKTERİYEL
BULAŞICI
KALP
KRONİK
VÜCUT
ZAYIF
GENETİK
KALITSAL
KEMİKLER
İLTİHAP
BAĞIŞIKLIK
LOMBER
NÖROPATİ
PATOJENLER
SOLUNUM
SAĞLIK
SENDROM
TERAPİ

54 - Deportes

K	O	Ç	T	B	U	U	K	E	K	H	O	G	Y	M	N
L	Z	M	Z	T	P	D	A	T	D	H	H	P	B	F	O
B	E	Y	Z	B	O	L	Z	E	O	K	O	F	Y	G	Y
P	S	E	B	P	M	O	A	V	B	C	Z	Y	M	B	U
Q	G	K	I	O	P	B	N	O	L	A	S	U	U	P	N
J	L	O	S	L	L	T	A	A	T	L	E	T	Y	N	C
Q	T	H	I	J	D	E	N	S	Z	N	V	R	D	Z	U
K	I	K	K	Q	S	K	V	V	B	A	H	D	A	L	U
H	B	D	L	Z	K	S	İ	N	E	T	A	G	T	D	P
E	A	I	E	S	S	A	F	Y	F	G	S	U	S	N	R
Q	D	K	T	S	F	B	U	G	H	A	R	E	K	E	T
J	D	V	E	S	L	H	J	L	O	R	R	Q	D	F	N
P	Z	I	G	M	I	K	A	T	A	L	U	O	D	Z	Y
Ş	A	M	P	İ	Y	O	N	U	O	A	F	T	T	H	K
J	İ	M	N	A	S	T	İ	K	V	A	R	K	S	S	J
U	Z	R	Z	R	J	Z	S	B	P	E	D	S	I	S	V

ATLET
HAKEM
BASKETBOL
BEYZBOL
BISIKLET
ŞAMPİYON
KOÇ
TAKIM
STADYUM
KAZANAN
JİMNASTİK
SALON
GOLF
HOKEY
OYUN
OYUNCU
HAREKET
TENİS

55 - Actividades

T	E	S	J	H	S	Z	A	R	K	S	K	V	V	B	G
K	I	L	I	Ç	K	I	L	A	B	I	I	V	D	U	H
İ	O	O	C	F	V	H	J	H	Z	H	L	A	J	L	Z
M	T	K	O	R	C	S	L	A	Q	I	I	F	G	M	E
A	L	Y	L	H	Z	O	R	T	N	R	Ç	B	H	A	P
R	I	C	P	A	J	B	Ş	L	Y	I	F	E	S	C	Y
E	Q	Z	M	C	S	U	İ	A	B	Ü	A	R	C	A	R
S	A	V	C	I	L	I	K	M	E	V	R	U	F	L	N
R	A	L	N	U	Y	O	İ	A	C	E	Ğ	Ü	L	A	Y
N	S	N	A	D	Z	Y	D	N	E	I	O	R	Y	R	V
Z	L	G	A	M	A	Y	O	B	R	T	T	C	R	Ü	J
Ö	R	M	E	T	S	O	B	K	I	Z	O	L	N	P	Ş
J	D	Q	A	O	V	B	B	C	U	S	F	T	B	O	O
Z	E	V	K	T	C	Z	G	H	I	M	H	R	Y	L	B
B	I	K	I	L	N	A	V	I	Ç	H	A	B	S	L	C
A	M	B	U	A	A	D	S	S	R	J	P	B	P	U	D

SANAT
DANS
AVCILIK
SERAMİK
DİKİŞ
FOTOĞRAFÇILIK
BECERI
BAHÇIVANLIK
OYUNLAR
OKUMA
SIHIR
BOŞ
BALIKÇILIK
BOYAMA
ZEVK
RAHATLAMA
BULMACALAR
YÜRÜYÜŞ
ÖRME

56 - Verduras

P	I	E	H	H	I	M	I	F	P	K	S	T	U	O	Z
B	R	O	K	O	L	İ	A	S	E	T	A	T	A	P	E
D	L	N	A	C	I	L	T	A	P	M	S	B	M	Z	N
O	L	M	C	M	Y	K	Z	O	N	A	D	Y	A	M	C
D	T	J	Y	O	G	Q	S	I	O	T	N	M	O	K	E
S	A	R	I	M	S	A	K	V	Z	A	I	A	Y	I	F
K	E	R	E	V	İ	Z	G	Y	N	L	T	G	K	L	I
B	L	A	Y	J	F	H	E	I	V	A	Y	L	T	A	L
L	S	N	L	E	F	R	R	D	M	S	E	A	R	T	B
H	O	İ	E	H	Y	A	N	C	A	E	Z	Ş	U	A	O
G	Ğ	G	Z	F	B	E	S	B	N	T	Ç	H	V	L	C
M	A	N	E	H	R	P	C	J	T	A	U	S	E	A	D
N	N	E	B	F	B	E	P	T	A	M	V	R	C	S	Y
I	E	Q	R	T	H	M	V	F	R	O	A	R	P	A	J
H	J	N	O	I	E	C	Q	Y	J	D	H	C	Q	Z	G
Y	G	T	H	B	N	N	K	J	B	E	R	T	A	E	T

SARIMSAK
ENGİNAR
KEREVİZ
PATLICAN
BROKOLİ
KABAK
SOĞAN
SALATA
ISPANAK
BEZELYE
ZENCEFIL
ŞALGAM
ZEYTIN
PATATES
SALATALIK
MAYDANOZ
TURP
MANTAR
DOMATES
HAVUÇ

57 - Instrumentos Musicales

T	Ç	H	N	H	K	L	A	R	N	E	T	O	U	D	F
R	Ü	E	G	R	R	U	M	A	O	D	E	B	S	P	Y
O	C	L	L	H	P	V	R	T	F	Y	P	Y	O	S	F
M	D	U	F	L	D	A	U	İ	A	V	M	D	M	R	A
B	C	F	E	J	O	D	V	G	S	F	O	C	M	U	G
O	L	T	T	F	P	M	K	N	K	M	R	I	Q	B	G
N	İ	L	O	D	N	A	M	O	A	D	T	Z	Q	I	E
M	A	R	İ	M	B	A	R	G	S	I	E	J	V	S	Y
O	F	A	G	O	T	Q	R	H	H	R	N	D	B	A	R
Z	M	F	K	B	P	L	N	G	E	J	S	G	V	F	M
C	R	V	A	H	B	İ	H	T	C	E	A	R	P	P	Z
B	A	N	Ç	O	A	Y	Y	L	M	D	K	S	L	N	T
R	R	Y	K	H	G	L	M	A	E	S	Y	T	M	J	L
O	A	S	D	P	E	U	H	N	N	A	M	E	K	O	C
H	V	Q	U	U	T	G	Q	R	H	O	U	Z	S	T	T
O	B	U	A	Y	M	L	J	R	G	E	O	R	Q	I	L

ARP
BANÇO
BAGET
KLARNET
FAGOT
FLÜT
GONG
GİTAR
MANDOLİN
MARİMBA
OBUA
TEF
VURMA
PİYANO
SAKSAFON
DAVUL
TROMBON
TROMPET
KEMAN
ÇELLO

58 - Formas

I	Q	F	H	D	C	L	E	A	K	Q	Y	P	O	N	R
R	U	P	R	S	P	Y	A	G	R	Y	R	L	T	S	M
C	U	L	P	Y	A	S	G	T	P	R	K	N	N	V	N
V	E	I	G	Z	P	J	S	A	E	Ğ	R	I	O	F	Z
V	N	T	K	U	J	U	H	R	M	B	I	L	E	V	T
R	S	S	R	Ö	P	K	G	I	P	Z	S	O	B	N	P
G	M	Y	A	D	Ş	L	R	S	D	H	İ	B	V	I	D
D	A	I	R	E	N	E	G	K	O	Ç	L	R	V	M	L
D	I	K	D	Ö	R	T	G	E	N	E	İ	E	P	Ü	K
K	A	I	N	S	A	İ	U	Z	A	L	N	P	B	P	A
T	O	E	B	L	L	M	K	Q	Y	İ	D	İ	G	N	R
M	R	N	Z	B	R	A	Ü	Z	R	P	İ	H	R	M	S
K	Z	E	İ	K	A	R	R	D	B	S	R	O	V	A	L
M	T	G	G	M	N	İ	E	N	N	G	G	I	U	I	M
E	Y	Ç	G	J	E	P	D	F	U	M	Y	C	S	G	E
M	A	Ü	T	S	K	A	R	E	F	U	M	L	D	Q	N

ARK
KENARLAR
SİLİNDİR
DAIRE
KONİ
KARE
KÜP
EĞRI
ELİPS
KÜRE
KÖŞE
HİPERBOL
YAN
SIRA
OVAL
PİRAMİT
ÇOKGEN
PRİZMA
DIKDÖRTGEN
ÜÇGEN

59 - Flores

D	Q	R	M	C	S	P	A	L	M	A	N	O	L	Y	A
U	K	P	K	T	M	A	Y	A	U	K	J	N	Q	J	R
G	E	V	D	F	R	P	Ç	V	P	O	S	D	Y	E	I
P	G	M	V	E	L	A	İ	A	P	F	S	A	M	D	L
O	J	K	H	T	Y	T	Ç	N	N	D	C	O	C	İ	İ
Ş	A	H	Ş	A	H	Y	E	T	Y	A	P	R	A	K	C
N	B	S	N	I	B	A	Ğ	A	Z	L	U	Y	D	R	E
Q	İ	N	Z	Y	U	L	İ	J	C	J	U	T	A	O	M
L	D	Y	Z	Q	K	A	B	M	A	Z	U	Z	G	Y	Ü
E	N	D	O	B	E	N	A	A	Y	N	E	D	R	A	G
Y	İ	K	C	N	T	Z	E	I	T	A	C	C	H	G	E
L	H	N	S	U	C	U	L	R	U	L	S	E	K	H	B
A	A	P	V	B	D	A	A	F	G	O	O	E	G	N	E
K	R	O	I	U	D	J	L	V	P	İ	L	E	M	I	P
Ç	A	R	K	I	F	E	L	E	K	M	S	H	V	İ	A
K	K	I	Y	A	K	A	Ş	P	C	S	V	G	Ü	L	N

HAŞHAŞ
KARAHİNDİBA
GARDENYA
AYÇİÇEĞİ
EBEGÜMECİ
YASEMİN
LAVANTA
LEYLAK
ZAMBAK
MANOLYA
PAPATYA
NERGİS
ORKİDE
ÇARKIFELEK
ŞAKAYIK
YAPRAK
BUKET
GÜL
YONCA
LALE

60 - Astronomía

F	T	O	N	O	R	T	S	A	D	S	N	H	G	E	M
V	P	Z	Z	S	S	A	U	N	F	Z	Z	S	Ö	K	O
O	E	N	I	O	Z	M	D	Z	T	O	I	J	K	İ	J
C	N	H	R	U	M	L	Y	Y	J	C	D	T	Y	N	T
I	V	C	R	Q	U	U	U	P	A	L	L	R	Ü	O	E
F	M	G	Z	Q	M	T	P	K	U	S	I	E	Z	K	L
O	L	S	T	Y	E	U	L	N	T	J	Y	M	Ü	S	E
O	M	G	K	P	K	T	L	R	K	O	M	O	E	J	S
B	R	U	F	N	T	H	K	J	N	D	I	N	N	E	K
V	İ	M	İ	K	E	Ç	R	E	Y	O	K	O	A	V	O
D	C	V	I	P	K	G	Ö	K	A	D	A	R	H	R	P
A	K	A	R	P	O	T	E	N	M	L	T	T	T	E	P
E	D	C	Y	I	R	S	F	Z	I	J	H	S	A	N	Z
M	E	T	E	O	R	A	K	M	E	K	T	A	S	O	P
B	U	L	U	T	S	U	I	T	B	G	Q	I	A	F	A
U	T	S	Ü	P	E	R	N	O	V	A	J	O	R	C	N

ASTRONOT
ASTRONOM
GÖKYÜZÜ
ROKET
TAKIMYILDIZ
TUTULMA
EKİNOKS
GÖKADA
YERÇEKİMİ
AY

METEOR
BULUTSU
RASATHANE
GEZEGEN
RADYASYON
UYDU
SÜPERNOVA
TELESKOP
TOPRAK
EVREN

61 - Tiempo

G	F	J	S	S	R	A	U	K	R	L	U	M	U	S	N
E	I	S	A	A	N	U	Y	A	H	D	H	J	S	P	I
L	C	M	A	B	D	L	E	B	H	Y	B	F	O	L	D
E	I	N	T	A	Q	F	H	N	G	T	A	K	V	I	M
C	A	V	Ö	H	A	D	A	K	İ	K	A	I	Z	Y	I
E	L	Ğ	Ö	T	Y	Q	N	F	L	D	S	L	B	N	Ş
K	D	Ü	N	Ü	G	U	B	E	G	U	I	L	T	O	Q
K	H	L	Ü	D	J	Y	T	R	L	R	F	I	O	Q	C
N	G	I	G	B	F	D	B	K	K	M	P	Y	C	A	U
Q	O	E	V	R	G	M	G	E	B	I	J	K	M	G	N
Q	U	K	H	S	H	E	E	N	C	Z	H	K	L	Q	S
Z	K	D	J	A	Z	N	C	U	Z	J	O	G	S	Q	G
N	N	V	D	F	F	R	E	O	Z	F	D	U	L	T	A
F	P	B	H	E	A	T	A	V	A	U	K	I	D	K	A
A	V	A	H	Y	S	N	A	B	B	O	I	H	A	P	A
Y	Ü	Z	Y	I	L	I	Y	M	S	S	U	K	U	T	E

ŞIMDI
ÖNCE
YILLIK
YIL
DÜN
TAKVIM
ON YIL
GÜN
GELECEK
SAAT
BUGÜN
SABAH
ÖĞLE
AY
DAKİKA
AN
GECE
HAFTA
YÜZYIL
ERKEN

62 - Paisajes

B	M	I	Y	N	R	Ğ	N	N	P	A	J	M	Z	F	O
A	K	B	U	Z	D	A	Ğ	I	I	K	C	A	D	A	G
T	I	T	V	K	Q	D	H	C	Y	C	Q	Ğ	L	K	T
A	K	T	A	R	J	B	S	A	F	Q	B	A	U	P	R
K	E	D	D	N	E	H	I	R	V	E	A	R	Z	I	B
L	K	Z	I	P	D	E	N	I	Z	H	R	A	U	E	T
I	B	C	Z	T	L	A	G	Ü	N	F	U	L	B	P	B
K	L	Y	Y	U	R	V	O	G	P	Y	M	O	L	S	H
G	Ö	L	K	N	A	K	L	O	V	J	K	H	S	E	P
G	U	S	H	D	G	Q	F	V	U	D	V	A	L	Y	Z
U	E	Z	O	R	E	Z	Y	A	G	L	J	L	V	I	Q
D	H	U	H	A	D	A	M	I	R	A	Y	I	Ö	F	H
J	C	S	P	A	O	F	Q	I	L	V	F	Ç	H	Ç	B
C	T	V	E	D	A	Z	K	R	G	P	T	Y	U	F	Q
E	M	A	N	H	C	C	M	P	E	G	M	M	V	Y	T
R	A	E	N	B	Ş	E	L	A	L	E	D	M	F	Z	G

ŞELALE
MAĞARA
ÇÖL
HALIÇ
GAYZER
BUZUL
BUZDAĞI
ADA
GÖL
LAGÜN
DENIZ
DAĞ
VAHA
BATAKLIK
YARIMADA
PLAJ
NEHIR
TUNDRA
VADI
VOLKAN

63 - Días y Meses

E	K	I	M	S	M	Y	A	I	U	L	C	S	O	L	P
P	N	B	E	N	D	I	L	A	S	B	U	Q	O	Y	A
E	L	E	D	C	Y	L	G	K	T	I	M	Y	Q	R	Z
T	Y	P	A	Z	A	R	T	E	S	I	A	Z	R	A	A
F	J	L	I	S	M	S	J	Y	O	I	R	T	O	P	R
R	E	A	Ü	M	U	D	L	Z	T	S	T	D	S	B	G
I	J	B	T	L	C	B	I	Z	S	K	E	O	K	V	I
T	E	M	M	U	Z	K	V	V	U	O	S	B	Q	I	Y
A	D	A	I	E	G	J	A	U	Ğ	O	I	O	O	Z	K
B	Z	Ş	V	V	Ş	K	I	S	A	T	F	A	H	L	F
U	V	R	K	E	A	R	L	F	I	C	T	M	J	K	D
Ş	U	A	A	P	T	G	E	G	G	M	C	E	Z	U	J
G	P	Ç	T	L	G	H	C	P	M	D	Q	D	T	S	A
N	O	C	A	K	N	I	S	A	N	B	L	F	B	N	O
Q	I	V	Q	R	C	E	Q	M	Y	R	O	T	E	Y	H
Q	G	H	A	Z	I	R	A	N	A	Y	A	N	K	Q	B

NISAN
AĞUSTOS
YIL
TAKVIM
PAZAR
OCAK
ŞUBAT
PERŞEMBE
TEMMUZ
HAZIRAN

PAZARTESI
SALI
AY
ÇARŞAMBA
KASIM
EKIM
CUMARTESI
HAFTA
EYLÜL
CUMA

64 - Biología

G	I	H	R	U	E	S	B	A	K	T	E	R	İ	N	N
M	I	R	V	E	N	I	I	F	F	N	O	R	Ö	N	N
K	E	E	H	Q	D	N	O	M	R	O	H	V	R	A	D
S	R	M	L	Z	T	I	E	K	J	Y	E	A	E	N	C
G	K	M	E	V	L	R	M	O	B	S	L	F	R	A	J
P	T	O	C	L	H	Ü	C	R	E	A	G	O	Q	T	T
S	Y	Z	S	I	İ	H	V	B	E	T	M	T	B	O	B
A	S	O	D	M	S	I	O	K	B	U	A	O	A	M	P
S	H	M	G	I	O	Y	İ	R	B	M	E	S	J	İ	V
R	Ü	O	V	S	M	K	M	İ	Z	N	E	E	M	P	M
Q	B	R	Z	O	Z	B	A	B	C	L	Q	N	M	R	U
K	B	K	Ü	T	O	Z	U	O	İ	L	H	T	S	O	Q
T	K	I	L	N	D	O	Ğ	A	L	O	A	E	C	T	Q
E	K	Z	D	S	G	F	R	J	R	Q	S	Z	K	E	A
S	İ	N	A	P	S	E	F	D	K	K	K	İ	F	İ	K
K	O	L	A	J	E	N	N	Z	P	U	L	G	S	N	Y

ANATOMİ
BAKTERİ
HÜCRE
KOLAJEN
KROMOZOM
EMBRİYO
ENZİM
EVRIM
FOTOSENTEZ
HORMON
MEMELİ
MUTASYON
DOĞAL
SINIR
NÖRON
OZMOS
PROTEİN
SÜRÜNGEN
SYMBİOSİS
SİNAPS

65 - Jardinería

L	E	Z	F	J	Q	T	O	K	İ	N	A	T	O	B	Z
I	C	G	B	K	İ	L	M	İ	S	V	E	M	N	P	Y
L	U	H	Z	B	E	S	K	O	F	V	Ç	M	J	J	P
V	K	T	T	C	M	J	P	C	G	P	H	T	J	T	B
Ç	İ	Ç	E	K	A	R	P	O	T	E	A	O	Q	F	R
V	L	R	K	O	M	P	O	S	T	B	B	H	M	Q	L
E	L	I	U	L	F	I	P	B	P	Y	Z	U	C	V	V
G	İ	L	B	F	E	H	L	I	N	O	A	M	V	Y	D
Z	Ş	I	A	B	I	N	C	K	C	A	A	P	S	P	P
O	E	B	S	U	U	B	H	Q	I	C	O	P	R	L	O
T	Y	E	K	I	R	O	N	Q	C	V	V	J	Z	A	B
I	D	L	V	H	O	R	T	U	M	P	F	K	M	R	K
K	G	I	K	K	D	B	P	L	D	Z	N	M	N	C	F
K	O	N	T	E	Y	N	E	R	C	S	O	O	Z	B	I
F	P	E	O	F	E	N	Z	V	A	Z	L	D	B	G	I
M	Q	Y	T	R	J	L	G	U	G	L	K	C	H	C	I

SU
BOTANİK
IKLIM
YENILEBILIR
KOMPOST
KONTEYNER
MEVSİMLİK
EGZOTIK
ÇİÇEK

YEŞİLLİK
YAPRAK
BAHÇE
NEM
HORTUM
BUKET
TOHUM
KIR
TOPRAK

66 - Chocolate

Ş	F	B	F	Q	L	U	L	U	M	K	Q	A	M	U	M
D	E	A	A	A	E	Z	E	J	Y	T	H	C	C	H	L
Z	Y	K	V	M	M	L	A	G	Y	V	D	I	O	G	M
M	I	E	E	O	A	K	A	K	Z	S	H	Q	H	A	U
Q	E	M	R	R	R	Q	M	Q	P	O	V	F	F	A	K
H	F	E	D	A	A	I	L	T	A	T	T	K	Q	O	E
L	R	Y	T	D	K	I	Ç	E	R	I	K	I	S	Y	L
A	J	U	V	Q	B	K	A	C	B	T	G	L	K	T	L
C	V	S	U	I	Z	L	R	T	P	C	Y	T	D	D	P
G	O	A	O	C	Q	Y	L	O	Z	N	Q	E	Z	U	L
K	K	J	Q	T	B	H	T	A	T	H	M	Z	A	H	E
A	N	A	D	İ	S	K	O	İ	T	N	A	Z	N	F	Z
L	H	L	Q	O	Z	R	Z	S	O	A	B	E	A	H	Z
I	Z	G	K	P	S	L	N	U	İ	R	O	L	A	K	E
T	U	Z	E	Z	C	Y	V	Y	U	C	F	F	T	A	T
E	V	F	P	V	C	S	L	K	Y	M	R	N	J	E	A

ACI
ANTİOKSİDAN
AROMA
ZANAAT
ŞEKER
KAKAO
KALITE
KALORİ
KARAMEL
YEMEK
LEZZETLI
TATLI
EGZOTIK
FAVORI
TAT
IÇERIK
TOZ
LEZZET

67 - Barbacoas

O	D	S	A	S	P	O	Y	A	Z	Z	C	S	T	Z	B
C	Y	O	D	I	O	O	S	O	S	A	Z	E	A	Q	N
N	Q	U	M	B	I	B	E	R	R	I	L	H	V	O	Y
D	R	Y	N	A	Ğ	O	S	U	E	L	V	G	U	H	N
N	S	I	A	L	T	F	U	A	L	E	Q	R	K	Y	Z
L	F	T	V	C	A	E	V	Y	E	M	V	T	A	Y	Q
T	C	Z	P	U	J	R	S	V	Z	N	N	O	Ç	U	U
A	T	V	P	A	F	A	R	L	B	P	R	N	I	I	E
Z	E	D	R	M	D	L	D	K	E	B	C	Y	B	A	Ç
U	D	Y	Y	G	Z	Ş	B	B	S	R	T	U	Z	Ç	O
D	H	I	E	I	N	A	H	Q	Z	H	S	S	H	L	C
K	B	O	V	D	O	D	R	R	D	R	I	C	E	I	U
J	R	A	L	A	T	A	L	A	S	V	C	O	T	K	K
M	Ü	Z	I	K	M	K	F	L	G	C	A	U	L	D	L
H	F	J	Z	B	U	R	H	F	N	Z	K	R	C	E	A
S	L	M	O	D	Z	A	J	F	L	C	I	R	I	I	R

ARKADAŞLAR
SICAK
SOĞAN
GIDA
BIÇAK
SALATALAR
AILE
MEYVE
AÇLIK
OYUNLAR
MÜZIK
ÇOCUKLAR
IZGARA
BIBER
TAVUK
TUZ
SOS
DOMATESLER
YAZ
SEBZELER

68 - Ropa

C	P	C	A	D	L	K	U	Ş	G	Ö	M	L	E	K	K
P	E	K	E	N	G	I	E	B	A	D	O	M	M	H	O
S	S	K	R	A	Ö	Z	P	M	Z	P	H	C	Z	M	L
M	I	N	E	R	N	E	İ	I	E	A	K	D	M	C	Y
L	B	I	R	T	L	L	J	K	T	R	K	A	Z	H	E
B	L	M	K	J	Ü	I	A	I	E	O	L	T	A	K	I
L	E	M	E	Q	K	B	M	V	L	Ç	K	I	L	S	V
U	A	D	T	Y	F	R	A	L	A	K	D	B	T	G	E
Z	K	R	E	L	N	E	V	I	D	L	E	Y	U	Z	D
D	V	Z	K	I	O	E	Q	G	N	V	Y	O	M	T	S
F	T	V	K	H	L	K	A	Z	A	K	J	P	I	U	I
F	E	O	J	K	O	N	N	J	S	Y	Y	B	K	Y	D
D	Z	B	R	O	T	E	Ş	A	R	P	K	Z	F	N	E
Y	C	A	Q	B	N	H	B	A	Y	A	K	K	A	B	I
J	Z	B	A	N	A	B	K	Z	H	Z	H	J	C	F	H
F	O	D	G	R	P	G	J	I	C	A	C	N	I	Y	R

BLUZ
EŞARP
ÇORAP
GÖMLEK
CEKET
KEMER
KOLYE
ÖNLÜK
ETEK
ELDIVENLER
TAKI
MODA
PANTOLON
PİJAMA
BILEZIK
SANDALET
ŞAPKA
KAZAK
ELBISE
AYAKKABI

69 - Meditación

H	O	D	U	K	Q	D	O	L	F	M	E	L	Z	Ö	G
A	H	U	U	A	H	E	Z	U	B	E	O	T	Z	B	G
R	Y	M	H	Y	L	A	Y	Y	B	R	D	U	R	U	Ş
E	C	Z	B	F	G	S	H	O	Z	H	H	R	N	R	Z
K	Y	H	J	O	T	U	O	K	C	A	Ğ	O	D	Q	N
E	R	R	K	U	L	U	L	T	U	M	Z	Y	L	Y	D
T	D	Y	V	M	T	E	K	A	Z	E	N	I	K	A	S
A	M	L	A	S	E	F	E	N	R	T	B	A	R	I	Ş
K	I	L	R	A	T	T	E	N	N	I	M	K	Q	F	N
I	J	Z	E	P	E	R	S	P	E	K	T	I	F	T	K
L	U	G	U	S	D	Ü	Ş	Ü	N	C	E	L	E	R	N
E	A	A	L	C	N	F	K	A	B	U	L	K	J	U	P
C	C	R	V	R	D	İ	N	V	D	M	G	I	V	M	I
Y	G	L	H	P	B	Q	H	K	T	H	Q	Ç	M	Z	Y
A	D	U	M	Ü	Z	I	K	İ	B	O	G	A	L	E	N
P	B	Y	U	J	E	K	I	L	Z	I	S	S	E	S	O

KABUL
NEZAKET
SAKIN
AÇIKLIK
MERHAMET
DUYGULAR
MUTLULUK
MINNETTARLIK
ZİHİNSEL
AKIL
HAREKET
MÜZIK
DOĞA
GÖZLEM
BARIŞ
DÜŞÜNCELER
PERSPEKTIF
DURUŞ
NEFES ALMA
SESSIZLIK

70 - Libros

Y	V	L	M	M	U	J	Y	Y	V	A	J	J	I	D	J
C	D	I	Z	I	A	M	R	I	D	L	A	D	P	C	H
O	J	H	G	D	U	C	U	Y	U	K	O	E	G	D	G
I	O	T	F	M	P	D	E	Y	A	Z	I	L	I	H	K
C	Y	D	E	Z	N	Q	K	R	Q	İ	L	İ	G	L	İ
I	M	T	V	D	U	D	G	I	A	K	Ö	Q	P	Z	C
T	A	R	İ	H	E	U	Y	I	O	İ	Y	I	M	Q	A
A	L	F	F	İ	N	B	R	Ş	O	L	K	A	E	U	U
R	Ğ	A	Y	H	K	F	Î	Z	N	İ	Ü	C	G	P	O
A	A	N	N	A	M	O	R	G	C	K	Y	A	Z	A	R
Y	B	L	C	Z	S	K	O	L	E	K	S	I	Y	O	N
R	D	A	R	İ	I	İ	J	R	P	A	B	J	G	V	Z
S	D	T	K	M	Q	J	I	R	Q	J	N	Q	N	T	V
F	T	I	G	R	O	A	H	F	L	B	D	N	Z	L	P
H	V	C	V	H	E	R	U	A	T	M	F	Y	K	D	F
Z	Q	I	D	J	L	T	C	I	E	V	E	Y	V	Y	S

YAZAR
MACERA
KOLEKSIYON
BAĞLAM
İKİLİK
YAZILI
ÖYKÜ
TARİH
MİZAHİ
DALDIRMA
YARATICI
OKUYUCU
EDEBÎ
ANLATICI
ROMAN
SAYFA
İLGİLİ
ŞIIR
DIZI
TRAJİK

71 - Nutrición

J	L	S	R	Q	J	K	G	T	Z	S	O	S	F	S	T
K	V	H	A	T	Ş	I	Q	P	B	İ	Z	L	E	I	O
M	K	I	L	Ğ	A	S	T	Y	A	N	A	M	R	V	K
L	J	Z	K	I	L	R	I	Ğ	A	D	C	D	M	I	S
E	O	M	I	L	S	I	A	N	U	İ	I	U	A	L	İ
Z	I	S	L	E	S	L	K	C	S	R	T	G	N	A	N
Z	O	V	N	G	A	I	K	L	H	İ	D	H	T	R	D
E	U	Q	A	N	N	B	I	N	I	M	J	R	A	A	H
T	L	K	K	E	J	E	K	A	L	O	R	İ	S	S	H
U	Z	U	Ş	D	V	L	P	R	D	D	O	G	Y	F	D
R	S	N	I	V	Q	I	V	R	M	I	S	F	O	B	V
E	T	I	L	A	K	N	D	R	O	B	Y	F	N	E	P
C	M	Y	A	O	P	E	P	V	B	T	G	E	L	S	E
R	B	T	E	Z	C	Y	E	J	M	K	E	L	T	İ	M
V	İ	T	A	M	İ	N	İ	A	B	M	H	İ	V	N	E
E	P	P	Z	G	O	Y	S	M	D	M	M	F	N	D	U

ACI
IŞTAH
KALITE
KALORİ
YENILEBILIR
DIYET
SİNDİRİM
DENGELI
FERMANTASYON
ALIŞKANLIKLAR
SIVILAR
BESİN
AĞIRLIK
PROTEİN
LEZZET
SOS
SAĞLIK
SAĞLIKLI
TOKSİN
VİTAMİNİ

72 - Política

K	İ	T	E	T	K	A	C	P	R	Q	O	Z	E	Q	P
K	A	K	I	T	I	L	O	P	A	D	Z	N	R	M	O
I	O	M	I	Ç	E	S	Ö	Z	G	Ü	R	L	Ü	K	L
L	V	N	P	Q	Z	P	K	V	N	Q	J	U	L	O	İ
T	O	E	S	A	O	F	U	O	S	U	E	V	G	U	T
I	H	H	H	E	N	Z	G	N	M	A	T	Q	D	B	İ
Ş	G	L	Y	I	Y	Y	Y	P	Q	İ	I	K	Z	B	K
E	G	Y	İ	J	E	T	A	R	T	S	T	A	O	B	A
Z	A	F	E	R	E	E	D	Y	V	V	P	E	M	Y	C
N	P	V	D	P	B	M	A	K	T	İ	V	İ	S	T	I
D	J	I	L	V	Ş	Ü	R	Ö	G	T	Y	V	D	K	T
V	E	R	G	İ	H	K	U	L	U	S	A	L	I	T	K
V	Z	R	H	M	S	Ü	M	U	J	Z	P	Y	B	K	K
N	H	U	K	D	J	H	J	N	E	G	Y	N	U	P	A
P	O	P	Ü	L	E	R	L	İ	K	N	O	T	P	P	R
H	F	K	E	P	M	O	O	Z	C	C	K	N	I	R	K

AKTİVİST
KAMPANYA
ADAY
KOMİTE
KONSEY
SEÇIM
STRATEJİ
ETİK
HÜKÜMET
EŞITLIK
VERGİ
ÖZGÜRLÜK
ULUSAL
GÖRÜŞ
POLITIKA
POLİTİKACI
POPÜLERLİK
ZAFER

73 - Edificios

Ü	N	I	V	E	R	S	I	T	E	B	K	I	M	K	U
T	H	B	L	S	F	Y	K	F	S	E	A	V	U	İ	H
O	T	E	L	I	F	Z	S	M	I	H	L	F	L	L	M
O	M	Ü	Z	E	N	A	T	S	A	H	E	G	D	İ	A
R	N	B	G	F	S	Q	M	D	M	T	T	Q	J	Ç	L
T	A	I	B	A	K	S	I	U	D	D	C	K	U	L	E
A	M	S	E	K	I	L	T	F	I	Ç	M	M	R	E	O
Y	T	J	A	T	E	K	R	A	M	R	E	P	Ü	S	P
İ	R	P	Y	T	I	Z	F	H	D	E	A	Q	M	G	V
T	A	D	D	H	H	A	G	N	O	Y	İ	S	N	A	P
N	P	H	Q	V	F	A	H	R	O	L	U	K	O	S	E
F	A	B	R	I	K	A	N	I	Q	D	F	M	H	İ	B
G	A	R	A	J	V	B	I	E	R	B	Q	Z	C	N	S
K	U	G	R	A	K	S	F	S	Q	P	N	Y	C	E	U
O	F	L	Z	O	N	Z	Y	J	L	N	Z	U	P	M	I
L	A	B	O	R	A	T	U	V	A	R	D	U	Q	A	B

PANSİYON
APARTMAN
KALE
SİNEMA
ELÇİLİK
OKUL
STADYUM
FABRIKA
GARAJ
AHIR
ÇIFTLIK
HASTANE
OTEL
LABORATUVAR
MÜZE
RASATHANE
SÜPERMARKET
TİYATRO
KULE
ÜNIVERSITE

74 - Océano

G	M	D	L	V	G	B	N	D	S	Y	G	S	C	U	K
F	İ	S	E	R	A	L	A	G	L	A	D	A	U	S	S
G	I	Ğ	I	L	A	B	K	E	P	Ö	K	I	L	A	B
M	E	R	G	N	V	I	E	U	K	R	A	Ç	C	H	K
S	Y	L	T	O	B	D	K	A	R	İ	D	E	S	T	A
C	D	A	G	I	M	A	G	B	V	Y	T	G	U	A	P
O	İ	O	F	İ	N	U	S	O	Y	B	N	N	N	P	L
E	R	H	C	D	T	A	N	I	L	A	B	E	U	O	U
Q	İ	J	L	I	A	F	R	Z	Q	E	L	Y	Y	T	M
K	T	Y	I	L	A	N	B	A	L	I	Ğ	I	D	I	B
I	S	A	N	A	Z	İ	N	E	D	Q	S	B	H	N	A
A	İ	V	T	E	A	U	V	P	C	Y	K	H	D	S	Ğ
I	L	F	R	K	E	Q	T	N	O	A	I	Q	F	A	A
T	K	Z	E	Z	N	P	C	R	Z	H	N	L	C	A	T
F	M	O	V	L	K	F	B	Y	R	H	A	S	V	D	M
M	E	R	C	A	N	S	Ü	N	G	E	R	M	V	V	H

YOSUN
YILAN BALIĞI
RESİF
BALINA
BOT
KARİDES
YENGEÇ
MERCAN
YUNUS
SÜNGER
GELGİT
DENİZANASI
DALGALAR
İSTİRİDYE
BALIK
AHTAPOT
TUZ
KÖPEKBALIĞI
FIRTINA
KAPLUMBAĞA

75 - Ciudad

D	B	B	U	Q	P	E	N	M	Ç	F	O	M	I	F	J
H	D	H	Z	H	Q	V	I	E	Q	İ	A	Y	Q	U	Q
S	G	R	G	A	K	N	A	B	C	Z	Ç	I	O	P	M
T	A	S	O	V	E	Z	U	U	H	B	E	E	M	M	Z
A	L	J	D	A	Q	N	F	I	R	I	N	M	K	P	V
D	E	J	S	L	I	U	O	P	D	Ç	A	T	Ü	Ç	L
Y	R	F	G	İ	G	S	A	V	O	P	H	İ	N	L	İ
U	İ	E	K	M	S	İ	N	E	M	A	P	Y	I	O	V
M	L	J	M	A	Z	A	Ğ	A	M	T	Ü	A	V	L	N
P	F	T	Ü	N	T	H	N	N	L	İ	T	T	E	B	I
N	A	L	Z	I	U	G	O	O	A	K	Ü	R	R	G	S
E	Z	Z	E	N	A	Z	C	E	L	U	K	O	S	F	O
Z	E	U	A	T	Y	K	K	L	İ	N	İ	K	I	F	S
B	V	N	A	R	O	T	S	E	R	O	A	G	T	E	G
D	V	C	A	S	N	Y	C	B	N	C	Z	D	E	K	C
S	Ü	P	E	R	M	A	R	K	E	T	C	P	K	O	C

HAVALİMANI
BANKA
KÜTÜPHANE
SİNEMA
KLİNİK
OKUL
STADYUM
ECZANE
ÇİÇEKÇİ
GALERİ
OTEL
KİTAPÇI
PAZAR
MÜZE
FIRIN
RESTORAN
SÜPERMARKET
TİYATRO
MAĞAZA
ÜNİVERSİTE

76 - Agronomía

K	A	M	U	K	O	T	Y	H	K	N	E	B	A	T	Y
H	I	U	I	B	N	O	Y	Z	O	R	E	İ	R	M	A
S	A	R	O	Q	O	H	U	A	J	G	B	T	A	F	P
E	D	S	L	F	K	U	S	A	E	Q	L	K	Ş	Q	I
B	I	Z	T	I	T	M	I	R	A	T	C	İ	T	B	M
Z	G	C	B	A	L	K	G	V	A	G	B	L	I	I	N
E	P	M	Y	E	L	I	J	R	E	N	E	E	R	L	O
L	C	F	B	O	O	I	K	D	O	K	G	R	M	I	K
E	T	İ	J	O	L	O	K	E	O	V	Z	Y	A	M	I
R	B	K	Q	M	P	I	Z	L	E	R	V	E	Ç	F	R
U	I	K	D	O	V	R	N	Y	A	I	G	D	Z	S	S
G	Ü	B	R	E	M	Ü	Y	Ü	B	R	R	A	E	G	A
Y	M	B	T	U	O	J	C	P	U	Y	L	N	N	A	L
Q	U	S	F	T	E	L	T	Q	R	M	I	I	D	İ	O
Q	J	E	G	T	J	A	K	H	V	A	U	Y	M	Q	K
F	J	A	P	O	F	D	B	P	Q	R	E	M	E	G	K

TARIM
SU
BILIM
GIDA
KIRLILIK
BÜYÜME
EKOLOJİ
ENERJI
HASTALIKLAR
EROZYON
OKUMAK
GÜBRE
ARAŞTIRMA
ÇEVRE
ORGANİK
BİTKİLER
YAPIM
KIRSAL
TOHUM
SEBZELER

77 - Actividades y Ocio

V	O	L	E	Y	B	O	L	M	B	F	R	B	T	H	S
B	A	S	K	E	T	B	O	L	O	D	A	A	E	Z	E
N	G	N	J	Q	C	M	S	O	K	P	H	L	N	L	Y
S	C	K	E	E	D	T	B	A	S	P	A	I	İ	Y	A
Ö	D	C	I	Ş	I	L	A	D	R	I	T	K	S	O	H
R	Q	Y	S	S	C	O	H	N	Q	F	L	Ç	T	J	A
F	O	B	R	M	P	B	Ç	R	A	P	A	I	R	P	T
Z	R	C	R	T	U	Z	I	A	E	S	T	L	D	N	E
Q	K	Y	Z	D	Z	Y	V	F	P	A	I	I	N	Z	T
A	G	Ü	Y	O	O	E	A	T	U	B	C	K	O	H	M
T	C	Z	Q	G	P	B	N	R	S	T	I	D	E	O	E
G	B	M	M	U	Y	O	L	B	N	R	B	V	G	B	K
C	A	E	B	Q	P	Y	I	J	R	R	S	O	D	İ	H
T	P	B	K	J	R	A	K	D	D	U	U	D	L	L	Q
O	R	L	M	V	U	M	Y	Ü	R	Ü	Y	Ü	Ş	E	Y
Z	P	G	O	L	F	A	D	M	C	I	B	F	H	R	Q

HOBİLER
SANAT
BASKETBOL
BEYZBOL
BOKS
DALIŞ
FUTBOL
GOLF
BAHÇIVANLIK
YÜZME
BALIKÇILIK
BOYAMA
RAHATLATICI
YÜRÜYÜŞ
SÖRF
TENİS
SEYAHAT ETMEK
VOLEYBOL

78 - Ingeniería

K	I	L	N	I	R	E	D	Y	O	C	H	M	V	S	M
P	O	E	C	B	E	P	T	U	C	A	M	A	F	N	D
Ö	B	L	T	V	N	V	P	N	B	S	A	K	G	L	İ
R	L	C	D	E	M	O	T	O	R	I	Z	İ	M	S	Y
S	Z	Ç	F	M	N	E	J	U	Z	V	O	N	C	V	A
G	D	G	Ü	A	D	E	D	P	P	I	T	E	Q	G	G
P	N	M	E	M	A	M	R	M	I	P	E	L	H	C	R
Y	C	C	A	A	Ğ	N	K	J	Q	A	V	J	H	Z	A
J	C	I	L	L	I	Ü	G	P	I	Y	V	Ç	R	P	M
P	H	D	K	P	T	T	I	M	R	Z	U	A	M	C	V
E	O	E	H	A	I	R	L	V	S	K	K	P	Q	V	F
D	A	Q	C	S	M	Ü	N	Y	H	A	R	E	K	E	T
M	Ç	Y	F	E	D	S	J	F	J	S	H	M	U	H	B
R	I	V	Z	H	E	C	B	E	H	K	V	Y	D	M	R
V	L	E	K	S	E	N	O	Y	S	A	T	O	R	E	D
Y	E	G	E	D	N	M	M	R	H	S	E	B	A	T	Z

AÇI
HESAPLAMA
DİYAGRAM
ÇAP
MAZOT
DAĞITIM
EKSEN
ENERJI
SEBAT
YAPI
SÜRTÜNME
KUVVET
SIVI
MAKİNE
ÖLÇÜM
MOTOR
HAREKET
KOL
DERINLIK
ROTASYON

79 - Comida #1

Ç	L	B	K	E	I	N	Z	E	K	E	S	C	F	D	L
A	O	Ş	E	K	E	R	L	V	E	N	A	N	P	D	İ
E	J	R	Q	I	F	A	Q	U	L	A	L	T	U	Z	M
D	R	U	B	L	U	R	I	T	İ	Ğ	A	O	J	C	O
U	J	Z	U	A	K	P	S	F	Ç	O	T	Ü	S	F	N
L	R	Y	O	B	Q	A	S	A	J	S	A	O	I	B	O
M	E	Y	V	E	S	U	Y	U	R	N	Y	H	O	G	F
J	D	G	B	C	J	H	M	T	B	I	F	K	Z	T	E
H	O	N	M	U	R	N	I	D	S	Ç	M	U	V	L	S
A	A	T	K	N	Y	M	T	F	A	R	S	S	K	F	L
D	A	V	Z	C	V	E	T	E	Y	A	K	B	A	Q	E
T	R	I	U	Ş	A	L	G	A	M	T	S	M	N	K	Ğ
P	N	E	E	Ç	R	Y	J	I	E	U	O	M	A	I	E
Q	A	T	P	O	H	U	D	U	N	M	Y	M	P	D	N
Z	R	N	V	J	K	H	Z	Z	D	R	B	E	S	E	T
I	T	H	G	V	Q	D	G	B	Y	A	K	L	I	U	L

SARIMSAK
FESLEĞEN
BALIK
ŞEKER
TARÇIN
ET
ARPA
SOĞAN
SALATA
ISPANAK

ÇİLEK
MEYVE SUYU
SÜT
LİMON
NANE
ŞALGAM
ARMUT
TUZ
ÇORBA
HAVUÇ

80 - Antigüedades

Z	L	L	U	Z	C	Q	P	T	A	O	E	L	R	K	R
F	K	U	D	N	A	D	N	C	K	A	L	I	T	E	E
H	E	Y	K	E	L	R	O	Z	T	Y	Y	Y	A	R	S
Y	D	Y	R	I	Z	M	I	H	A	L	T	Z	Y	Q	T
A	E	C	C	O	T	T	Y	F	R	I	T	Ü	I	C	O
T	K	A	L	D	F	N	H	G	Z	B	H	Y	F	R	R
I	O	Q	Z	Y	P	S	A	O	B	O	Ş	A	R	T	A
R	R	T	Q	E	I	A	V	T	P	M	A	N	E	I	S
I	A	R	G	Y	D	N	M	O	O	P	Y	E	Ğ	Q	Y
M	T	E	S	N	U	A	D	J	P	F	V	R	E	O	O
J	İ	R	K	A	J	T	N	L	N	U	F	N	D	L	N
V	F	F	Y	K	R	O	L	A	Ğ	A	N	D	I	Ş	I
G	A	L	E	R	İ	K	I	D	E	U	T	T	F	G	J
Z	Q	A	V	H	R	S	L	C	O	D	M	R	Q	Z	K
C	J	L	C	D	E	I	S	T	G	O	Y	J	U	D	Z
B	T	Q	B	T	A	K	I	L	R	D	T	A	Q	R	V

SANAT
OTANTIK
KALITE
ŞART
DEKORATİF
ZARIF
HEYKEL
TARZ
GALERİ
OLAĞAN DIŞI
YATIRIM
TAKI
SİKKE
MOBILYA
FIYAT
RESTORASYON
YÜZYIL
DEĞER
YAŞ

81 - Literatura

A	I	L	J	Q	Y	J	B	T	O	H	S	Q	A	K	V
A	N	R	J	G	E	T	O	Q	E	N	R	İ	T	İ	M
N	Q	A	K	A	F	I	Y	E	O	M	F	A	H	F	K
A	K	Z	L	V	L	P	L	C	U	I	A	N	Ş	A	A
L	E	A	V	I	C	I	T	A	L	N	A	E	İ	R	R
O	U	Y	O	U	Z	A	C	E	M	A	E	K	İ	G	Ş
J	F	P	L	Q	C	F	R	Z	F	T	E	D	R	O	I
İ	D	E	J	A	R	T	B	S	I	R	M	O	S	Y	L
E	T	I	F	T	P	P	C	T	S	P	I	T	E	İ	A
Y	F	J	N	P	M	A	Y	R	D	L	E	F	L	B	Ş
Ş	N	U	G	R	U	K	G	M	J	J	G	Z	S	N	T
A	I	K	G	O	L	A	Y	İ	D	T	Z	B	J	D	I
L	S	I	I	M	L	M	K	A	G	C	P	V	I	T	R
Z	U	Z	R	A	T	I	N	Q	U	S	A	Z	V	N	M
R	M	Ç	U	N	O	S	G	F	G	S	N	O	K	C	A
G	V	Z	U	I	R	Z	S	V	O	C	P	P	I	Y	N

ANALOJİ
ANALIZ
ANEKDOT
YAZAR
BİYOGRAFİ
KARŞILAŞTIRMA
SONUÇ
TANIM
DİYALOG
TARZ
KURGU
MECAZ
ANLATICI
ROMAN
ŞIIR
ŞİIRSEL
KAFIYE
RİTİM
TEMA
TRAJEDİ

82 - Química

R	N	B	Q	O	İ	I	J	R	E	E	L	K	Ü	N	Y
Ö	E	N	Q	M	Y	G	S	M	N	E	J	İ	S	K	O
Z	J	A	O	U	O	K	J	L	Z	R	P	N	R	J	F
İ	O	E	K	E	N	Y	A	D	İ	Z	M	Q	B	V	B
L	R	L	I	S	I	H	N	R	M	M	U	S	T	R	R
A	D	E	L	Q	I	J	L	P	B	A	H	S	U	G	M
T	İ	K	R	E	I	Y	Q	B	V	O	K	C	F	S	K
A	H	T	I	T	T	L	O	R	K	S	N	S	I	V	I
K	O	R	Ğ	S	C	R	A	N	M	O	L	E	K	Ü	L
B	M	O	A	I	R	A	A	Z	N	L	L	B	V	B	E
V	E	N	S	C	H	R	B	S	B	V	P	V	G	B	H
Y	T	Y	G	A	N	K	E	U	İ	K	I	P	Z	U	F
B	A	T	T	K	U	I	M	O	F	T	G	J	C	C	A
D	L	C	L	L	G	A	L	K	A	L	İ	K	L	O	R
L	M	T	A	I	A	O	H	D	B	A	R	S	L	L	I
Z	L	K	I	K	Z	U	T	A	N	A	I	D	U	J	J

ALKALİ
ASİT
ISI
KARBON
KATALİZÖR
KLOR
ELEKTRON
ENZİM
GAZ
HİDROJEN
İYON
SIVI
METAL
MOLEKÜL
NÜKLEER
OKSİJEN
AĞIRLIK
REAKSIYON
TUZ
SICAKLIK

83 - Gobierno

G	Z	Q	E	U	Z	N	B	U	B	S	J	K	G	V	C
I	B	O	L	İ	L	D	A	L	R	İ	R	G	I	A	D
O	N	A	B	P	H	U	D	U	E	Y	J	H	K	T	G
T	E	L	V	E	D	N	S	S	D	A	T	N	V	A	R
E	G	D	V	K	J	E	B	A	İ	S	Q	V	H	N	F
L	I	V	I	S	Q	Y	A	E	L	E	U	C	B	D	I
A	N	A	Y	A	S	A	Ğ	B	Ş	T	H	N	Ö	A	A
D	M	M	N	Z	R	J	I	V	J	I	I	Z	L	Ş	D
A	G	Ş	E	N	U	E	M	R	M	I	T	Z	G	L	E
C	D	I	U	B	N	L	S	G	Z	N	H	L	E	I	M
E	P	T	Q	N	N	Y	I	K	A	N	U	N	I	K	O
U	U	R	R	U	O	B	Z	D	B	Q	V	Y	S	K	K
K	Q	A	P	V	F	K	L	O	B	M	E	S	J	L	R
V	H	T	F	M	Z	B	I	J	J	D	L	R	H	S	A
A	N	I	T	Z	N	Z	K	Ü	L	R	Ü	G	Z	Ö	S
C	A	C	U	O	T	Y	C	S	P	T	R	G	B	Y	İ

VATANDAŞLIK
SIVIL
ANAYASA
DEMOKRASİ
KONUŞMA
TARTIŞMA
BÖLGE
DEVLET
EŞITLIK
BAĞIMSIZLIK
ADLİ
ADALET
KANUN
ÖZGÜRLÜK
LİDER
ANIT
ULUSAL
ULUS
SİYASET
SEMBOL

84 - Clima

D	D	V	A	M	T	N	S	F	I	D	R	N	K	K	T
V	A	Z	I	B	P	O	S	G	G	U	D	Y	N	U	K
G	F	T	P	Z	Q	C	M	D	P	Ö	L	R	V	R	Ü
F	Y	T	I	C	M	N	T	S	E	S	K	T	A	U	S
H	G	V	P	S	U	C	A	İ	P	G	F	Y	R	V	Ü
B	T	S	G	D	B	I	V	S	K	E	V	A	Ü	Z	T
K	C	K	C	T	U	Q	Q	K	I	H	N	G	A	Z	L
P	M	E	T	K	L	I	Y	I	L	D	I	R	I	M	Ü
J	U	V	S	B	U	H	R	L	K	E	Z	I	G	I	R
D	S	U	L	I	T	E	T	K	A	T	S	S	T	L	Ü
E	O	O	C	Q	N	F	I	A	R	K	R	A	R	K	G
K	N	T	L	Y	J	T	U	C	U	U	Ü	K	O	I	K
B	U	L	U	T	L	U	I	I	K	T	Z	A	P	P	Ö
F	I	R	T	I	N	A	E	S	S	U	G	R	İ	Z	G
N	A	H	Q	B	U	Z	R	A	N	P	Â	F	K	P	J
A	T	M	O	S	F	E	R	D	K	I	R	B	Q	G	F

ATMOSFER
ESINTI
GÖKYÜZÜ
IKLIM
BUZ
SEL
MUSON
SİS
BULUT
BULUTLU
KUTUP
YILDIRIM
KURU
KURAKLIK
SICAKLIK
FIRTINA
KASIRGA
TROPİK
GÖK GÜRÜLTÜSÜ
RÜZGÂR

85 - Comida #2

E	T	C	P	A	T	L	I	C	A	N	A	P	F	E	E
R	I	S	T	O	T	Y	D	F	S	K	Y	E	S	J	T
P	L	Y	Y	J	D	R	O	V	V	H	Ç	Y	T	K	Z
J	A	J	U	S	U	A	U	S	R	U	İ	N	O	O	V
C	Z	B	I	D	V	N	N	M	Q	R	Ç	I	T	M	O
G	F	Z	Y	B	K	İ	M	E	U	G	E	R	P	U	Y
A	C	R	D	Z	O	G	U	D	U	Y	Ğ	B	E	Z	O
U	B	F	O	V	V	N	U	A	P	A	İ	K	L	A	Ğ
B	Z	O	B	U	T	E	L	B	I	D	F	R	M	R	U
M	İ	V	İ	K	E	M	K	E	R	Ğ	K	G	A	I	R
Ü	V	D	R	F	S	L	C	R	I	U	T	A	L	K	T
Z	E	N	C	E	F	I	L	A	N	B	T	A	V	U	K
Ü	R	H	G	N	H	R	U	B	Ç	F	M	O	U	I	L
S	E	T	A	M	O	D	D	Ç	İ	K	O	L	A	T	A
I	K	Y	I	J	P	B	V	F	C	E	Y	H	S	K	K
P	K	V	E	A	F	C	T	J	U	F	P	B	F	P	F

ENGİNAR
BADEM
KEREVİZ
PIRINÇ
PATLICAN
KIRAZ
ÇİKOLATA
AYÇİÇEĞİ
YUMURTA
ZENCEFIL
KİVİ
ELMA
EKMEK
MUZ
TAVUK
PEYNIR
DOMATES
BUĞDAY
ÜZÜM
YOĞURT

86 - Diplomacia

E	J	T	C	Z	Z	S	E	M	Ş	I	K	E	Ç	C	D
I	E	R	Q	J	Y	T	İ	T	T	Y	K	K	D	I	H
T	A	R	T	I	Ş	M	A	Y	İ	V	I	Ü	A	T	Q
E	K	Y	B	C	Z	Ü	Q	D	A	K	L	L	N	D	B
L	İ	B	A	N	O	Z	M	T	O	S	N	N	I	A	V
A	L	N	D	A	Q	Ö	H	I	N	K	E	Ü	Ş	N	P
D	İ	P	S	B	K	Ç	Ü	K	V	C	V	T	M	T	V
A	Ç	E	Y	A	R	Y	K	S	V	H	Ü	Ü	A	L	E
I	L	B	J	Y	N	Z	Ü	S	M	Q	G	B	N	A	K
V	E	H	C	Z	O	İ	M	D	İ	L	L	E	R	Ş	Q
B	Y	A	Y	İ	Ç	L	E	K	Ü	Y	Ü	B	K	M	F
K	U	L	U	L	P	O	T	H	M	D	U	M	S	A	S
P	V	H	Y	K	D	İ	P	L	O	M	A	T	İ	K	S
L	D	Q	K	H	K	F	Y	E	G	Y	R	J	L	E	H
K	P	K	A	M	P	A	N	Y	A	K	T	J	L	S	A
İ	Ş	B	İ	R	L	İ	Ğ	İ	M	O	Q	Z	U	G	N

DANIŞMAN
KAMPANYA
TOPLULUK
ÇEKIŞME
İŞBİRLİĞİ
DİPLOMATİK
TARTIŞMA
ELÇİLİK
BÜYÜKELÇİ
YABANCI
ETİK
HÜKÜMET
İNSANİ
DİLLER
BÜTÜNLÜK
ADALET
SİYASET
GÜVENLIK
ÇÖZÜM
ANTLAŞMA

87 - Herboristería

K	K	D	H	A	Y	E	E	V	G	C	B	B	J	O	S
A	T	N	A	V	A	L	A	Z	N	K	I	İ	U	D	K
S	R	A	O	C	G	O	I	C	I	V	M	B	M	R	K
M	Z	O	N	A	D	Y	A	M	N	O	A	E	U	Z	N
I	Q	Y	M	G	K	N	T	H	C	Z	P	R	T	R	A
R	R	L	J	A	C	A	L	K	M	N	B	İ	F	B	S
A	P	I	S	D	T	T	A	R	H	U	N	Y	A	B	J
S	R	F	I	O	I	İ	I	S	O	Q	I	E	K	B	A
T	A	F	S	K	Ş	Ö	K	N	A	C	R	E	M	R	B
C	H	F	L	Y	R	V	T	R	E	Z	E	N	E	Y	Q
I	Q	N	R	C	D	K	I	R	E	Ç	I	A	Ç	E	F
F	H	E	E	A	J	G	B	Ç	B	N	H	N	H	Ş	Z
B	V	A	G	D	N	M	E	T	I	L	A	K	A	I	Y
D	E	R	E	O	T	U	C	M	J	Ç	U	Z	B	L	I
F	E	S	L	E	Ğ	E	N	K	P	T	E	Z	Z	E	L
D	M	Z	A	O	E	I	T	E	C	F	Z	K	J	Z	N

SARIMSAK
FESLEĞEN
AROMATİK
SAFRAN
KALITE
MUTFAK
DEREOTU
TARHUN
ÇIÇEK
REZENE
IÇERIK
BAHÇE
LAVANTA
MERCANKÖŞK
NANE
MAYDANOZ
BITKI
BİBERİYE
LEZZET
YEŞIL

88 - Energía

E	B	J	O	N	U	D	J	K	S	Z	C	T	Q	I	T
L	M	E	Y	A	K	I	T	C	P	G	Ü	N	E	Ş	Ü
E	Y	O	N	P	I	L	K	F	O	T	O	N	Z	Y	R
K	R	A	G	Z	Ü	R	I	D	O	D	P	S	G	Q	B
T	U	M	F	İ	İ	D	L	E	F	L	H	M	C	I	İ
R	A	H	U	B	P	N	I	P	E	N	İ	J	P	K	N
İ	C	O	E	B	N	O	L	L	B	O	D	N	K	U	C
K	R	H	Y	T	E	B	R	S	O	R	R	O	T	O	M
E	N	D	Ü	S	T	R	I	T	Q	T	O	Z	A	M	R
T	A	P	J	V	V	A	K	A	N	K	J	Q	O	K	N
G	K	L	Z	Z	K	K	C	L	R	E	E	L	K	Ü	N
L	T	F	C	F	R	R	H	J	U	L	N	N	J	B	Q
Z	J	C	R	P	N	P	I	L	B	E	F	A	M	Z	S
P	L	M	T	B	V	L	S	P	Y	M	N	D	H	R	T
Y	M	T	G	J	E	D	I	K	L	F	S	E	Q	D	A
Y	E	N	İ	L	E	N	E	B	İ	L	İ	R	C	I	B

PIL
ISI
KARBON
YAKIT
KIRLILIK
MAZOT
ELEKTRON
ELEKTRİK
ENTROPİ
FOTON

BENZİN
HİDROJEN
ENDÜSTRI
MOTOR
NÜKLEER
YENİLENEBİLİR
GÜNEŞ
TÜRBİN
BUHAR
RÜZGAR

89 - Insectos

K	A	O	J	A	N	E	J	Q	B	Y	A	J	U	U	Y
U	E	G	R	İ	K	E	Ç	T	İ	M	R	E	T	Ğ	A
P	R	L	H	D	I	S	K	Z	O	L	I	U	Y	U	P
Y	Q	F	E	V	Ü	G	I	E	L	D	Z	S	D	R	R
U	U	A	B	B	K	K	A	V	R	A	L	Q	I	B	A
E	Z	S	K	L	E	Y	C	O	R	A	J	Y	S	Ö	K
K	U	I	U	B	M	K	N	Y	H	I	Y	V	I	C	D
D	N	T	E	F	D	Q	I	O	K	O	S	Q	R	E	İ
N	Y	N	L	H	Ç	J	R	R	A	O	H	I	A	Ğ	D
S	O	A	U	B	R	U	A	Q	S	Y	Z	O	N	I	S
O	B	M	C	O	P	E	K	T	A	S	E	F	A	E	A
K	I	N	G	B	K	A	B	Ö	C	E	K	Z	B	R	K
G	Ç	K	S	O	L	U	C	A	N	D	Y	R	A	İ	F
Z	E	O	E	J	V	V	G	U	Y	P	R	Z	Y	P	S
E	K	A	Ğ	U	S	T	O	S	B	Ö	C	E	Ğ	İ	P
I	G	A	Z	Z	U	P	P	O	F	J	Y	L	J	B	F

ARI
YABAN ARISI
YAPRAKDİD
AĞUSTOSBÖCEĞİ
BÖCEK
SOLUCAN
KARINCA
KEÇIBOYNUZU
LARVA
YUSUFÇUK
MANTIS
KELEBEK
UĞUR BÖCEĞI
SIVRISINEK
GÜVE
PİRE
ÇEKİRGE
TERMİT

90 - Especias

B	I	N	A	K	A	S	M	I	R	A	S	G	Z	K	B
A	S	P	H	V	I	T	A	R	Ç	I	N	I	E	I	Z
T	O	J	I	N	A	R	F	A	S	R	E	P	N	H	D
U	M	E	Y	A	N	E	M	K	R	P	L	M	C	A	H
Z	A	E	P	Z	H	B	P	I	İ	R	I	B	E	T	F
G	Q	G	Z	D	H	I	V	L	Z	M	L	R	F	D	G
D	G	T	Z	K	T	B	K	C	N	I	Y	Z	I	B	C
Y	N	O	S	A	N	A	E	K	Ş	I	B	O	L	S	E
K	Ö	R	İ	R	T	L	N	Y	Z	C	S	İ	N	L	V
K	S	D	B	A	Y	Y	E	Z	O	A	Z	D	B	Y	İ
H	B	Y	L	N	T	E	Z	Z	E	L	Y	H	J	E	Z
O	R	Y	D	F	F	U	E	Q	S	U	T	D	C	K	R
R	P	V	Q	İ	S	E	R	R	Q	I	N	A	Ğ	O	S
F	A	N	E	L	V	A	N	İ	L	Y	A	M	T	T	T
A	Q	Z	C	H	S	M	J	V	D	D	F	I	J	L	O
Y	Z	F	T	K	I	B	Q	Y	J	C	S	Z	S	Z	I

EKŞI
SARIMSAK
ACI
ANASON
SAFRAN
TARÇIN
SOĞAN
KARANFİL
KİMYON
KÖRİ
TATLI
REZENE
ZENCEFIL
CEVİZ
KIRMIZI BİBER
BIBER
MEYAN
LEZZET
TUZ
VANİLYA

91 - Emociones

S	V	C	D	S	I	H	M	M	J	Q	A	Ö	I	S	P
E	G	I	O	T	L	G	A	I	E	L	C	F	B	Ü	G
C	R	R	M	F	N	F	G	S	N	M	E	K	N	R	D
G	Z	L	C	B	A	S	N	I	S	N	N	E	J	P	B
A	B	J	M	B	C	F	O	T	D	A	E	U	G	R	E
B	S	S	U	S	E	V	İ	N	Ç	L	S	T	N	İ	S
A	D	J	C	B	Y	U	D	I	A	F	I	İ	T	Z	K
R	U	Z	U	H	E	S	S	K	Ş	A	N	A	Y	A	F
I	T	C	L	B	H	S	E	I	B	S	F	M	E	E	R
Ş	K	O	R	K	U	A	F	S	R	E	Y	A	Q	Q	T
T	Ü	E	M	S	T	K	P	K	U	L	U	L	T	U	M
I	Z	B	G	M	K	I	S	E	M	P	A	T	İ	Q	C
S	Ü	V	E	L	E	N	U	F	N	G	T	A	H	A	R
F	N	D	J	A	U	C	J	V	D	E	A	H	F	L	G
V	T	Q	S	B	N	E	Z	A	K	E	T	A	L	E	B
Y	Ü	T	B	B	N	K	O	G	A	O	E	R	D	M	S

SIKINTI
MINNETTAR
SEVİNÇ
RAHATLAMA
AŞK
MUTLULUK
NEZAKET
SAKIN
HEYECANLI
ÖFKE
KORKU
BARIŞ
RAHAT
MEMNUN
SEMPATİ
SÜRPRİZ
HASSASİYET
HUZUR
ÜZÜNTÜ

92 - Universo

T	Y	I	S	M	G	N	T	Y	P	U	N	P	O	V	I
C	Y	C	P	O	K	S	E	L	E	T	G	F	O	U	C
A	A	A	R	N	K	E	R	Ü	K	M	I	R	A	Y	K
S	Y	G	A	O	N	G	R	Ü	N	Ü	R	Ö	G	E	K
G	A	S	T	R	O	N	O	M	İ	Z	I	S	D	K	O
J	Ü	S	A	T	L	Ü	V	G	G	Ü	N	E	Ş	V	Z
A	R	N	M	S	E	R	N	A	Ö	Y	C	K	T	A	M
E	T	A	D	A	K	Ö	G	R	Q	K	B	F	Y	T	İ
N	N	M	B	Ö	I	Y	S	G	A	Ö	S	A	P	O	K
L	J	S	O	D	N	P	M	B	P	G	M	E	S	R	N
E	G	S	L	S	Y	Ü	B	O	Y	L	A	M	L	D	F
M	I	A	O	A	F	J	M	K	A	R	A	N	L	I	K
J	S	S	E	V	E	E	F	Ü	E	O	N	J	I	N	Q
N	G	L	G	U	E	F	R	U	F	U	K	M	C	G	A
B	O	L	Z	V	A	F	C	G	R	A	Y	Q	A	V	K
T	A	Y	R	N	Y	C	Q	G	G	I	F	O	T	R	E

ASTRONOMİ
ASTRONOM
ATMOSFER
GÖKSEL
GÖKYÜZÜ
KOZMİK
EKVATOR
EON
GÖKADA
YARIMKÜRE
UFUK
ENLEM
BOYLAM
AY
KARANLIK
YÖRÜNGE
GÜNEŞ
GÜNDÖNÜMÜ
TELESKOP
GÖRÜNÜR

93 - Jazz

Q	K	U	Ş	A	Y	Y	O	A	M	K	Q	D	D	S	T
U	Q	O	E	A	M	Y	R	J	Ü	Z	L	G	O	A	E
C	B	F	M	I	R	Ü	B	R	Z	P	H	G	Ğ	N	K
P	E	D	J	P	U	K	Z	B	I	M	N	Y	A	A	N
H	Z	Q	R	I	O	K	I	İ	K	V	R	S	Ç	T	İ
B	O	D	P	C	F	Z	H	T	S	O	Y	L	L	Ç	K
T	O	N	Y	E	N	I	I	Y	A	Y	J	V	A	I	F
C	Q	C	Y	T	I	K	Q	S	I	T	E	O	M	J	R
D	U	M	E	S	F	Y	I	M	Y	O	N	N	A	L	N
Y	S	T	V	E	F	E	G	R	F	O	K	M	L	P	U
K	S	R	I	B	T	T	Ü	N	L	Ü	N	M	U	E	G
O	K	L	Y	E	A	E	I	R	İ	T	İ	M	V	L	R
N	U	J	Q	R	R	N	N	Ü	M	L	R	Ü	A	H	U
S	D	S	P	B	Z	E	N	T	J	D	G	B	D	V	V
E	A	R	T	S	E	K	R	O	H	H	F	L	G	V	P
R	Y	F	I	B	B	H	Y	P	Z	Q	I	A	N	V	C

SANATÇI
ALBÜM
ŞARKI
KOMPOZISYON
BESTECI
KONSER
TARZ
VURGU
ÜNLÜ
TÜR
DOĞAÇLAMA
MÜZIK
MÜZİSYENLER
YENI
ORKESTRA
RİTİM
YETENEK
DAVUL
TEKNİK
YAŞ

94 - Mediciones

T	Y	J	J	F	Y	L	G	K	K	I	H	O	O	D	F
Y	Ü	K	S	E	K	L	I	K	V	R	J	N	M	V	B
A	F	I	P	L	R	Q	A	T	V	B	R	D	V	A	S
B	Z	L	F	T	N	T	F	Y	V	I	H	A	S	N	A
O	E	Ş	R	I	P	S	E	A	A	U	K	L	I	S	R
C	D	I	K	K	J	G	U	M	D	Z	K	I	E	J	L
G	A	N	M	Z	Z	K	Q	A	E	U	İ	K	Z	P	S
L	F	E	V	F	I	F	O	R	R	N	L	I	F	C	B
S	T	G	N	A	M	L	A	G	E	L	O	L	J	C	S
M	G	M	B	N	J	A	T	O	C	U	M	N	Q	L	D
A	Ğ	I	R	L	I	K	R	N	E	K	E	I	Y	İ	A
V	F	C	M	Z	B	İ	O	G	T	U	T	R	L	T	V
P	Z	A	N	S	V	K	F	I	O	E	R	E	R	R	F
V	M	H	D	K	N	A	G	R	N	L	E	D	İ	E	E
O	N	S	U	J	Z	D	T	R	N	D	İ	E	Y	N	E
S	A	N	T	İ	M	E	T	R	E	V	G	K	R	M	Ç

YÜKSEKLIK
GENIŞLIK
BAYT
SANTİMETRE
ONDALIK
DERECE
GRAM
KİLOGRAM
KİLOMETRE
LİTRE

UZUNLUK
KITLE
METRE
DAKİKA
ONS
AĞIRLIK
DERINLIK
İNÇ
TON
HACIM

95 - Barcos

S	T	T	I	G	L	E	G	D	K	Q	N	V	H	A	V
U	A	P	A	Ç	Ö	A	B	G	E	Y	M	T	Y	F	O
D	B	R	K	C	O	L	A	S	U	N	A	Y	K	O	M
I	E	Y	E	L	K	E	N	L	İ	Y	İ	Y	A	T	A
N	T	N	R	O	T	O	M	C	M	H	B	Z	P	U	E
D	T	C	İ	O	R	P	B	Z	Z	T	B	I	C	Y	Q
I	E	B	D	Z	İ	N	E	D	E	Z	Z	N	K	İ	A
Y	R	S	F	T	C	L	R	I	H	E	N	E	O	R	H
J	Ü	C	N	T	H	İ	A	G	O	H	C	D	N	L	G
B	M	T	B	G	B	O	L	Y	N	Y	R	Z	I	R	Z
D	P	S	F	H	U	E	A	İ	A	C	Z	F	G	T	U
N	I	T	G	F	H	R	G	Q	K	D	G	C	L	P	N
F	E	R	İ	B	O	T	L	E	Y	A	Z	S	S	B	I
L	B	J	A	C	P	V	A	U	Y	U	F	Z	M	U	M
D	K	Z	A	G	Q	S	D	I	Y	L	M	A	N	Z	J
Ş	A	M	A	N	D	I	R	A	D	H	V	Z	I	P	T

ÇAPA
SAL
ŞAMANDIRA
KANO
IP
FERİBOT
GÖL
DENIZ
GELGIT
DENİZCİ
DENİZCİLİK
DİREK
MOTOR
DENİZ
OKYANUS
DALGALAR
NEHIR
MÜRETTEBAT
YELKENLİ
YAT

96 - Antártida

B	U	G	B	E	C	Y	O	M	F	R	A	N	T	K	B
G	Ö	Ç	K	U	Ş	L	A	R	S	Y	L	Z	A	A	U
A	B	P	S	J	E	B	M	C	M	Q	F	B	O	Y	L
B	P	R	G	I	C	A	M	R	I	T	Ş	A	R	A	U
Z	R	E	G	R	C	H	T	S	V	U	I	L	P	L	T
Y	R	F	N	V	T	A	D	A	M	I	R	A	Y	I	L
B	Q	E	G	G	Z	F	K	Y	A	M	U	R	O	K	A
P	U	S	C	H	U	Q	Q	L	B	U	Z	Q	K	T	R
O	R	Z	M	H	L	E	S	M	I	L	I	B	N	B	M
J	R	T	U	T	J	R	N	U	N	K	K	I	T	A	I
Y	H	R	E	L	L	A	R	E	N	İ	M	P	G	S	T
G	F	U	C	H	L	L	B	I	I	V	R	C	T	M	L
P	S	H	F	C	E	A	Y	F	A	R	Ğ	O	C	E	U
Z	C	J	V	G	U	D	R	L	Q	U	K	O	A	C	B
B	Q	H	Q	O	S	A	P	H	S	F	N	J	Y	J	A
T	O	P	O	Ğ	R	A	F	Y	A	L	V	E	G	E	J

SU
KOY
BILIMSEL
KORUMA
KITA
SEFER
COĞRAFYA
BUZULLAR
BUZ
ARAŞTIRMACI
ADALAR
GÖÇ
MİNERALLER
BULUTLAR
KUŞLAR
YARIMADA
PENGUEN
KAYALIK
SICAKLIK
TOPOĞRAFYA

97 - Mamíferos

M	I	Z	C	R	P	Z	T	O	N	İ	K	L	İ	T	F
A	F	A	R	Ü	Z	I	F	E	Z	D	M	P	T	V	H
Y	R	C	R	L	H	A	Z	H	E	E	V	E	D	Q	B
M	U	H	M	P	G	J	C	L	Ş	K	B	A	H	K	Z
U	R	U	G	N	A	K	F	P	E	C	N	R	S	K	Ç
N	Q	L	N	H	B	J	P	H	K	K	Y	V	A	U	A
T	A	V	Ş	A	N	V	C	B	D	Z	K	B	Q	R	K
U	B	S	J	M	U	N	C	T	R	U	B	Ö	J	T	A
T	H	P	O	G	Y	P	B	Z	V	F	J	D	P	F	L
I	O	S	B	P	O	Y	U	N	U	S	E	D	Q	E	P
Y	K	Z	A	O	K	A	M	Q	J	F	I	L	N	B	K
A	Y	I	I	E	Ğ	T	M	R	Z	T	O	İ	P	Y	H
Z	G	O	Z	T	O	A	N	I	L	A	B	R	C	R	F
E	V	I	U	C	O	R	O	A	T	Z	K	O	B	G	U
P	S	S	H	S	M	L	E	D	P	O	B	G	L	E	M
E	G	B	M	D	O	S	N	B	R	N	C	L	L	F	E

BALINA
EŞEK
AT
DEVE
KANGURU
ZEBRA
TAVŞAN
ÇAKAL
YUNUS
FIL
KEDİ
GORİL
ZÜRAFA
KURT
MAYMUN
AYI
KOYUN
KÖPEK
BOĞA
TİLKİ

98 - Boxeo

C	T	H	S	S	K	E	Ç	F	V	S	T	N	T	C	H
R	N	D	M	A	I	H	T	E	V	V	U	K	N	C	A
K	K	A	D	O	V	J	C	E	N	U	G	R	O	Y	L
B	E	C	E	R	I	A	O	T	P	E	R	F	Y	U	A
J	M	K	L	E	N	M	Ş	A	J	I	M	O	F	L	T
D	E	U	N	L	I	Z	L	Ç	P	D	O	N	N	C	F
S	L	R	S	N	K	Ö	Ş	E	I	I	L	Z	I	H	R
E	E	T	H	E	E	J	E	N	K	R	K	B	H	B	F
H	M	A	E	V	Y	Q	M	D	A	S	P	A	L	C	J
B	K	R	R	I	S	U	A	U	R	E	Z	O	A	J	Y
D	E	M	P	D	H	A	T	H	E	K	E	T	T	J	H
U	T	A	Y	L	Y	N	E	H	A	K	E	M	M	D	S
G	I	U	M	E	Y	U	M	R	U	K	E	C	I	D	R
S	H	K	C	D	Z	N	U	A	M	E	N	D	Z	P	U
Z	I	U	O	Ü	R	U	M	O	R	L	I	N	G	A	B
M	L	M	C	Z	V	R	K	N	Z	P	O	Y	M	Q	F

HAKEM
ÇENE
ZIL
ODAK
DIRSEK
HALAT
VÜCUT
KÖŞE
YORGUN
KUVVET
ELDIVENLER
BECERI
SAVAŞÇI
RAKIP
TEKMELEMEK
YUMRUK
HIZLI
KURTARMA

99 - Abejas

Q	M	I	U	T	A	Q	H	M	H	L	P	A	T	Z	R
M	J	A	L	E	R	P	Q	C	S	Y	O	C	R	I	O
E	K	O	S	İ	S	T	E	M	A	C	L	N	D	R	V
Ç	I	C	I	Y	A	L	Z	O	T	K	E	Ç	İ	Ç	C
I	L	A	B	O	Ş	M	C	V	J	N	N	R	R	D	Q
L	I	Ç	İ	Ç	E	K	L	E	R	Z	A	Q	F	D	T
A	L	N	D	Y	N	E	Y	H	P	F	E	V	Y	E	M
R	T	D	S	C	Ü	C	M	I	T	B	U	H	O	B	B
K	I	I	U	L	G	Ö	M	L	S	Ü	R	Ü	F	K	İ
P	Ş	C	U	M	H	B	K	N	Z	B	M	S	A	A	T
L	E	C	M	B	A	T	D	I	M	V	E	U	Y	N	K
G	Ç	G	U	J	Y	N	N	D	B	Z	F	U	D	A	İ
F	I	R	M	P	D	I	A	Z	O	F	P	Z	A	T	L
Z	U	D	L	B	Q	Y	L	A	A	A	T	L	L	L	E
E	Ç	H	A	B	N	R	C	S	B	J	S	E	I	A	R
L	I	A	B	G	N	Q	E	P	Q	K	U	J	N	R	G

KANATLAR
FAYDALI
BALMUMU
KOVAN
GIDA
ÇEŞITLILIK
EKOSİSTEM
SÜRÜ
ÇİÇEK
ÇİÇEKLER

MEYVE
DUMAN
BÖCEK
BAHÇE
BAL
BİTKİLER
POLEN
TOZLAYICI
KRALIÇE
GÜNEŞ

100 - Psicología

Z	B	O	O	A	H	G	B	K	İ	N	İ	L	K	P	H
O	I	O	Z	M	E	M	Ş	I	K	E	Ç	D	U	F	I
E	L	Y	Z	B	E	A	D	L	L	T	J	U	L	İ	S
S	I	C	V	Z	M	E	U	K	Y	I	M	Y	K	K	Z
O	N	O	B	S	R	Q	C	E	S	H	Ş	G	U	İ	Q
R	Ç	G	D	J	I	U	E	Ç	K	A	I	U	C	R	A
U	S	G	D	I	D	P	V	R	K	Y	N	L	O	L	P
N	I	Z	H	T	N	E	B	E	Z	A	A	A	Ç	E	R
Q	Z	Y	Q	L	E	D	Q	G	D	L	R	R	N	R	J
U	L	K	O	A	L	G	I	K	Y	N	V	G	N	Z	Y
Q	K	K	Y	Ç	R	K	J	Z	I	I	A	V	E	R	L
D	U	K	H	N	E	J	Q	L	S	L	D	R	G	J	K
A	D	I	J	İ	Ğ	K	I	Ş	I	L	I	K	O	P	L
J	V	Z	Q	L	E	D	Ü	Ş	Ü	N	C	E	L	E	R
R	E	D	C	İ	D	T	E	R	A	P	İ	T	J	R	V
G	S	Y	D	B	M	J	S	B	S	S	J	Q	D	Z	K

RANDEVU
KLİNİK
BILIŞ
DAVRANIŞ
ÇEKIŞME
EGO
DUYGULAR
DEĞERLENDIRME
FİKİRLER
BILINÇSIZ
ÇOCUKLUK
DÜŞÜNCELER
ALGI
KIŞILIK
SORUN
GERÇEKLIK
HIS
BİLİNÇALTI
HAYAL
TERAPİ

1 - Arqueología

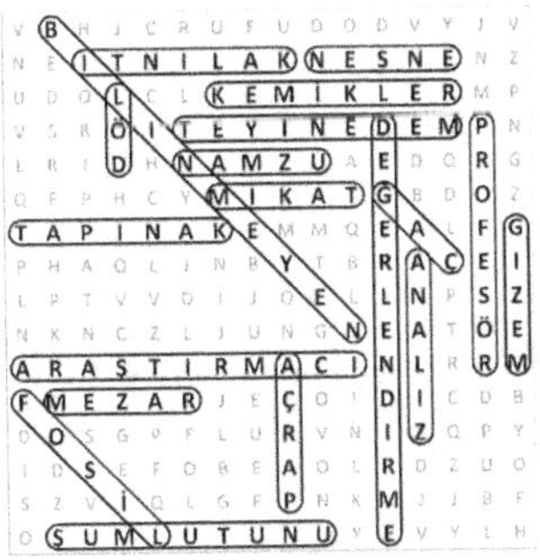

2 - Granja #2

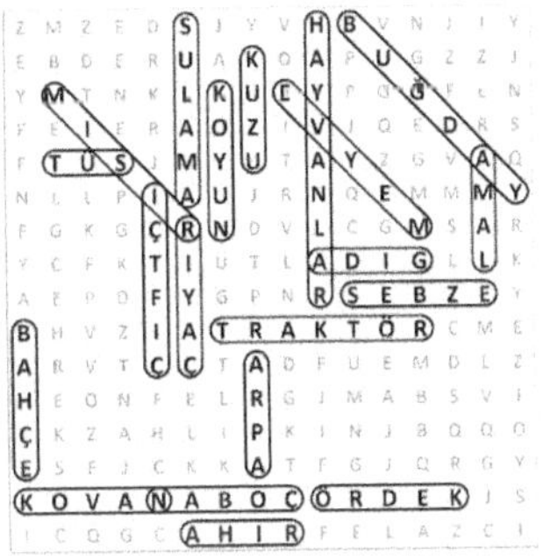

3 - La Empresa

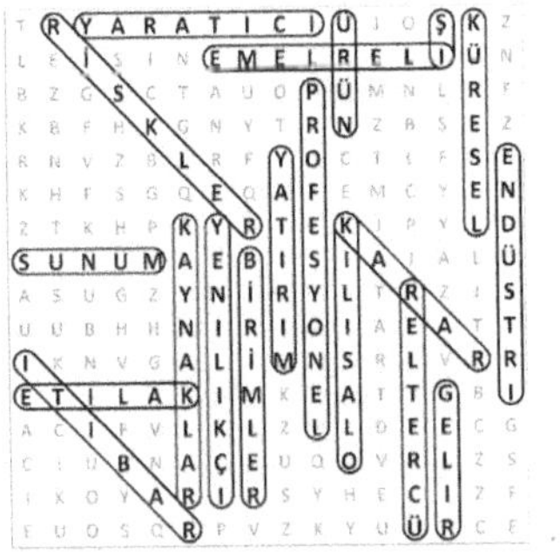

4 - Aviones

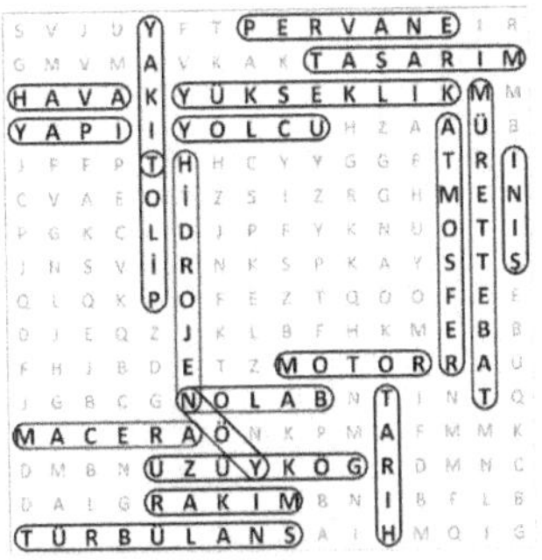

5 - Tipos de Cabello

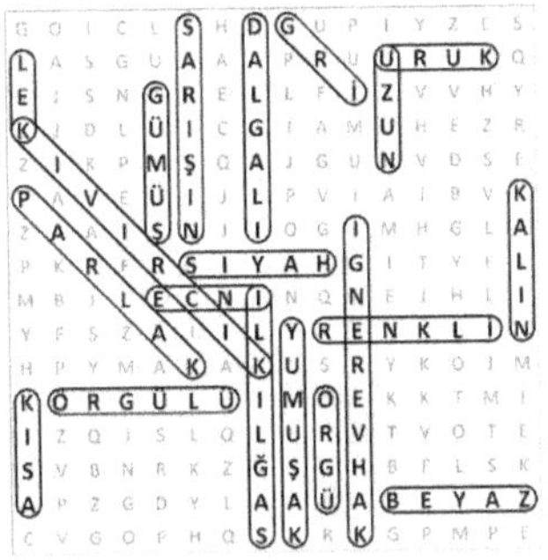

6 - Ética

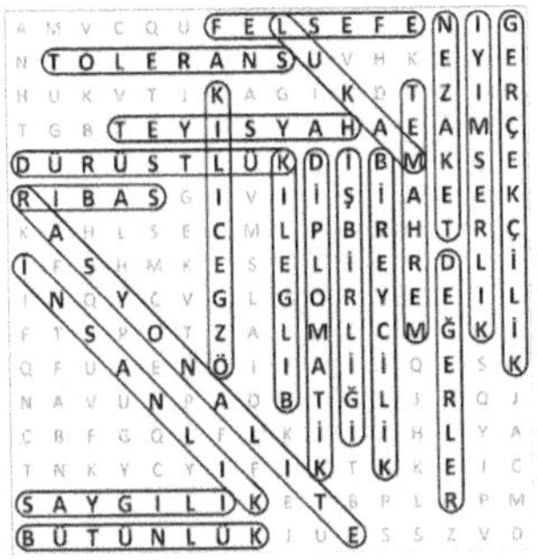

7 - Ciencia Ficción

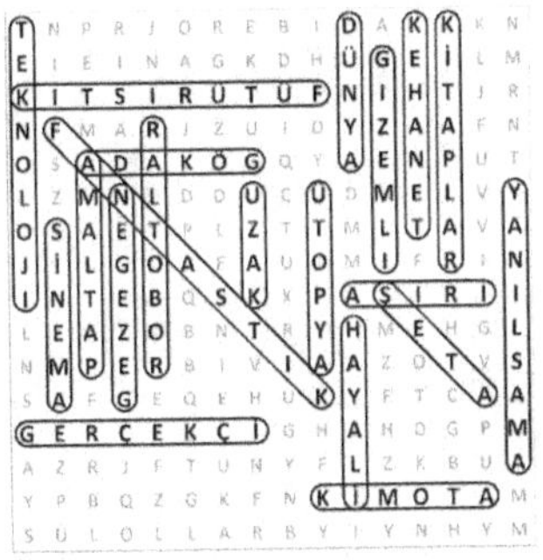

8 - Rellenar

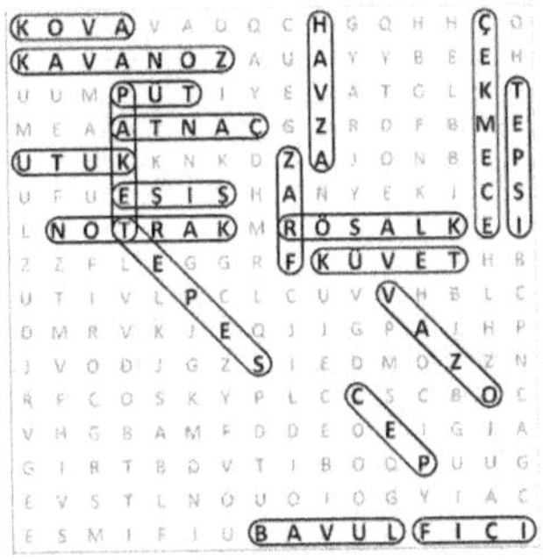

9 - Granja #1

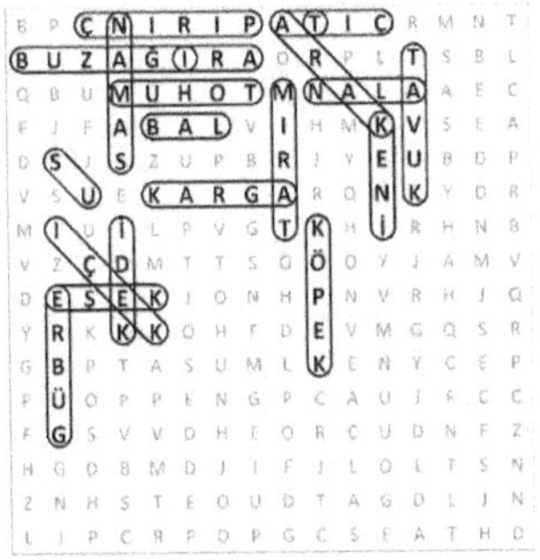

10 - Camping

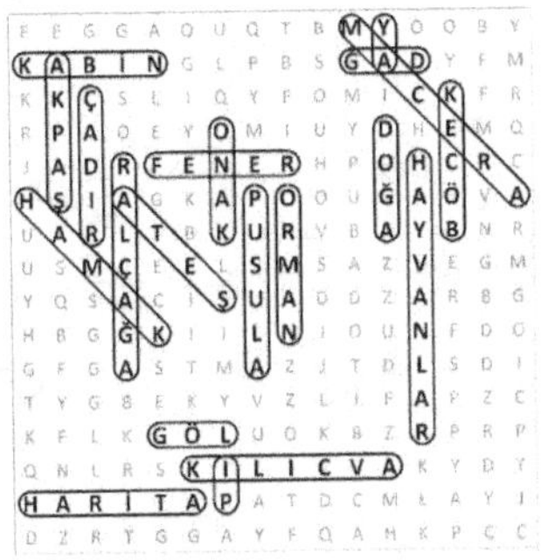

11 - Fruta

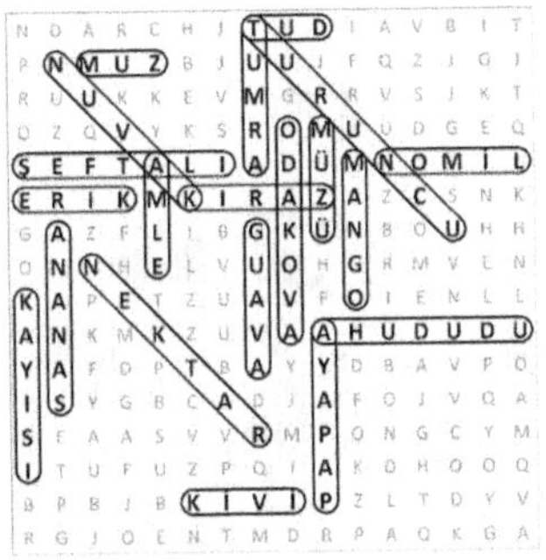

12 - Geología

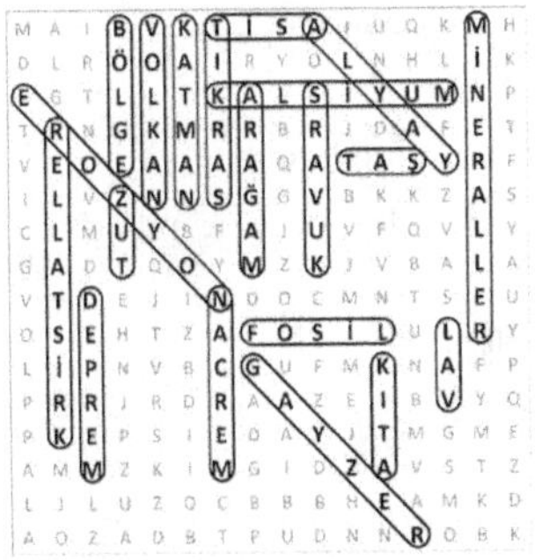

13 - Álgebra

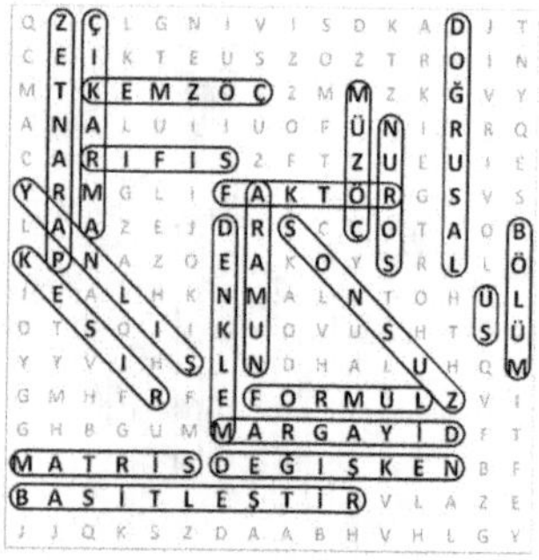

14 - Plantas

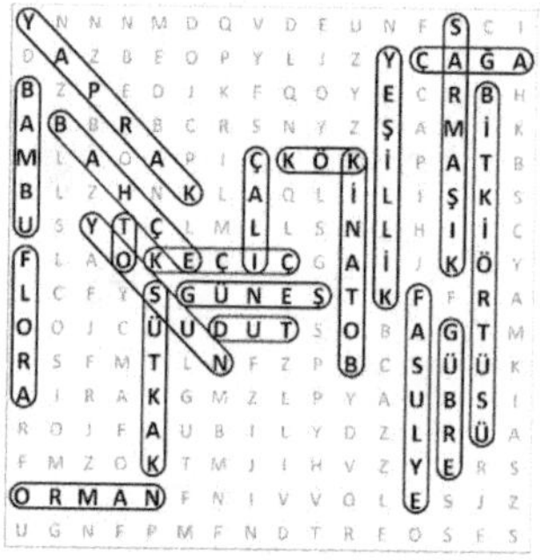

15 - Suministros de Arte

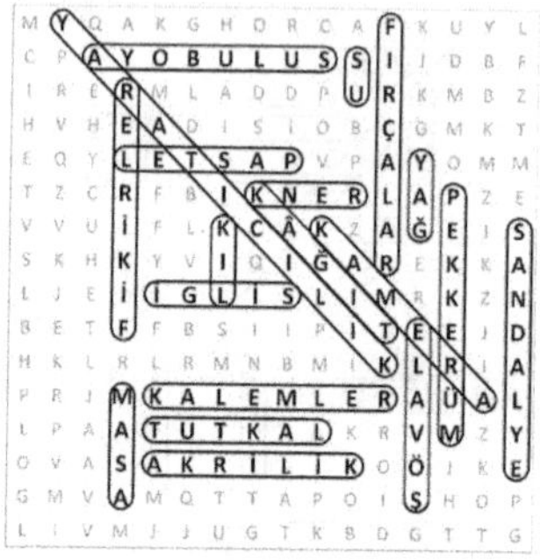

16 - Negocio

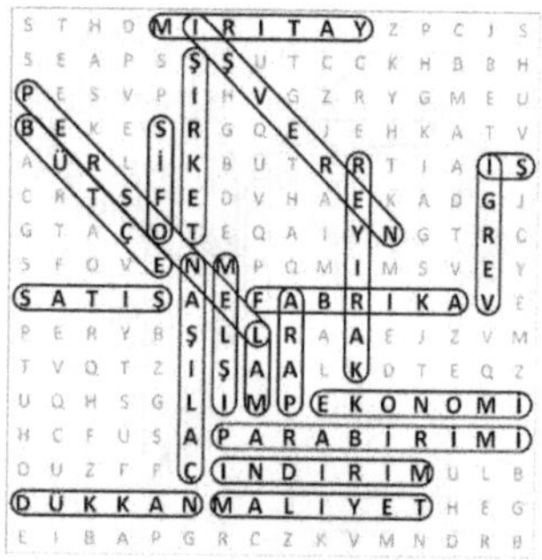

17 - Jardín

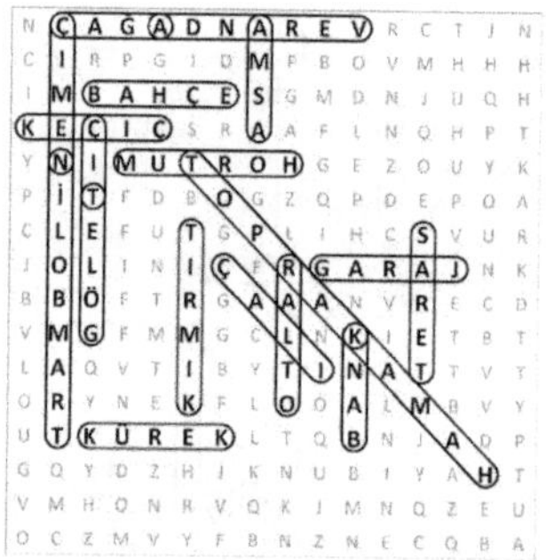

18 - Países #2

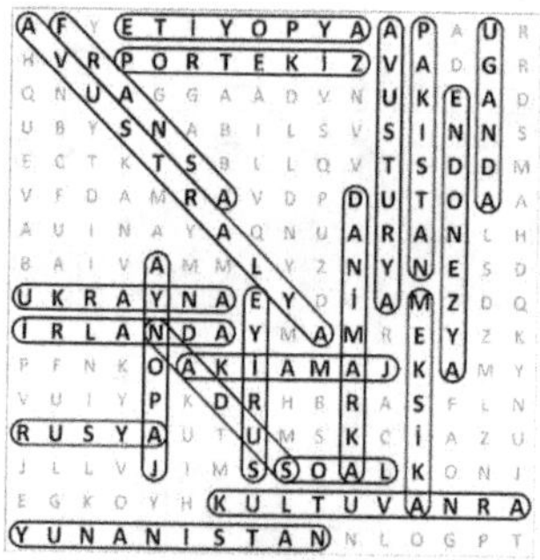

19 - Tecnología

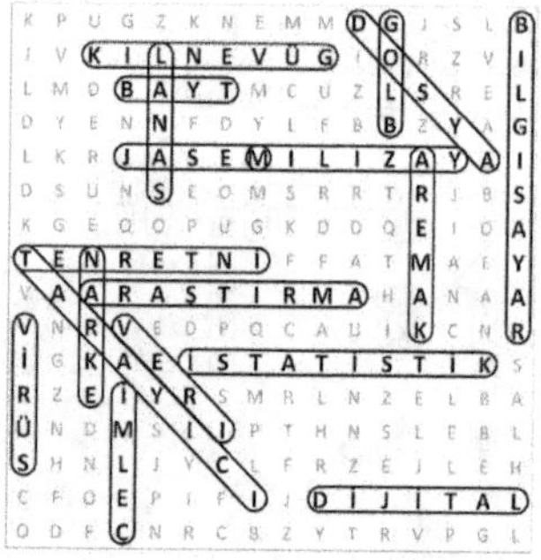

20 - Números

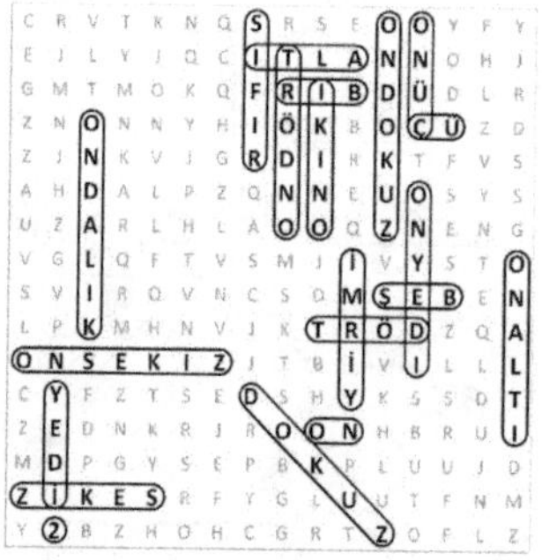

21 - Física

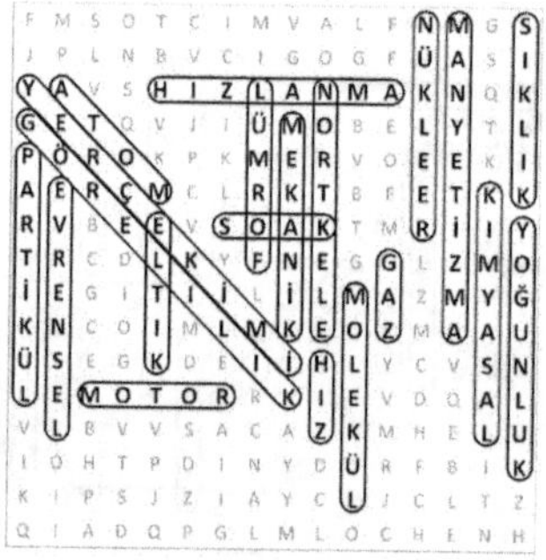

22 - Belleza

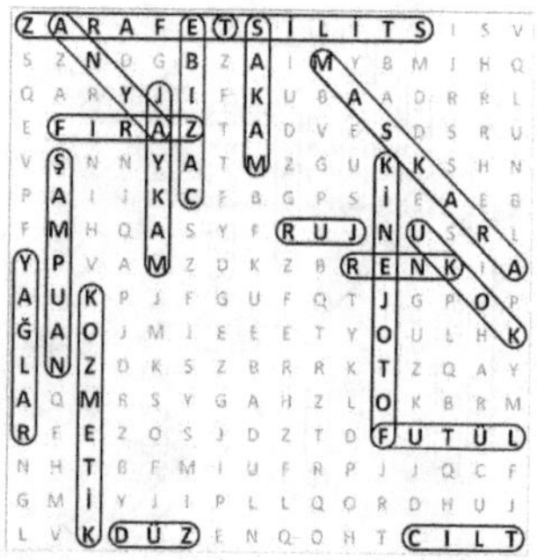

23 - Países #1

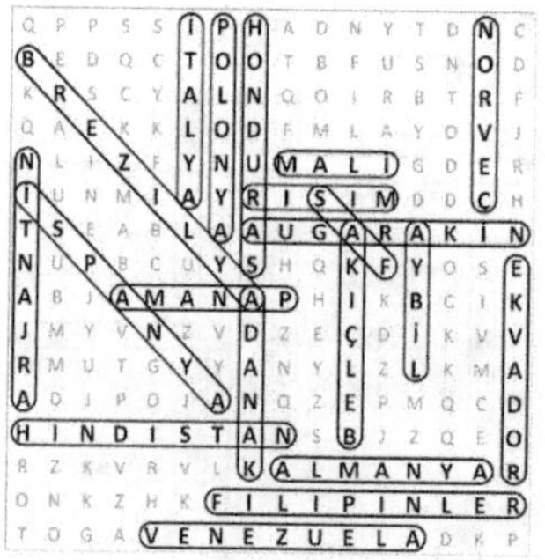

24 - Mitología

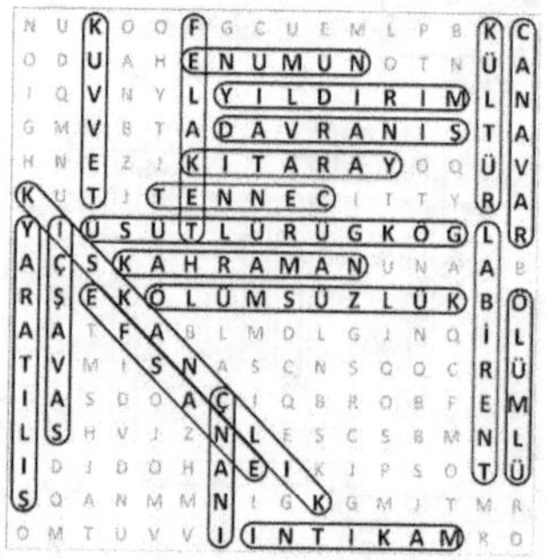

25 - Casa

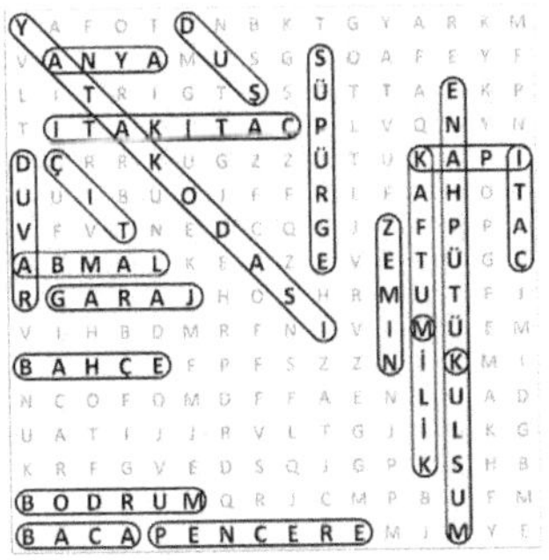

26 - Salud y Bienestar #2

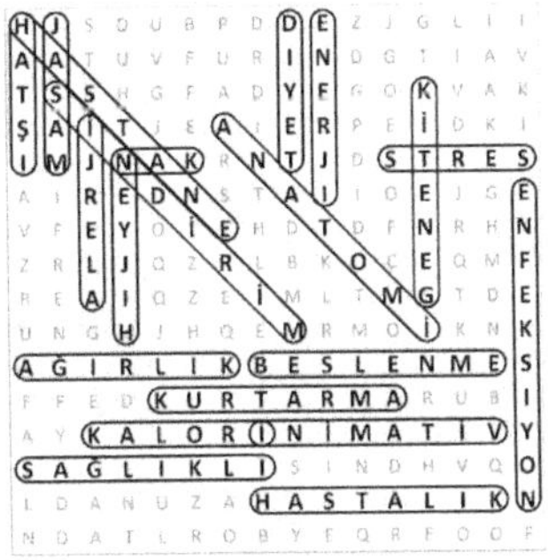

27 - Adjetivos #1

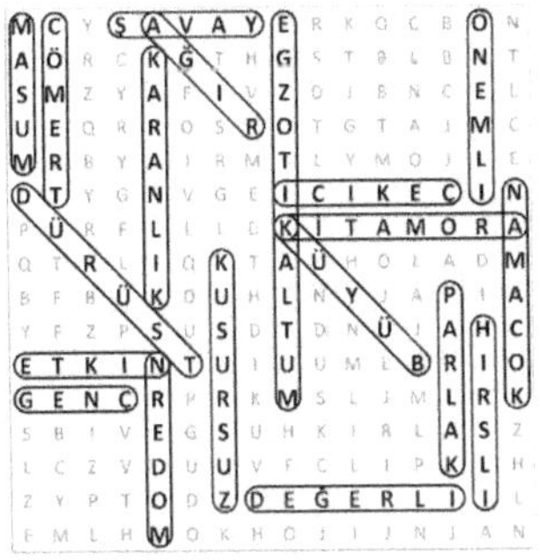

28 - Familia

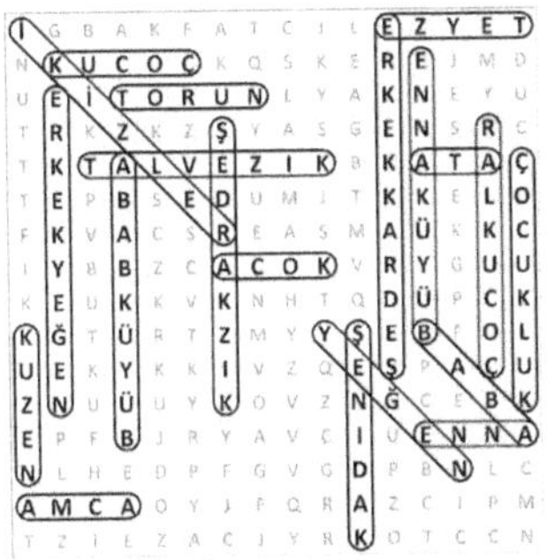

29 - Disciplinas Científicas

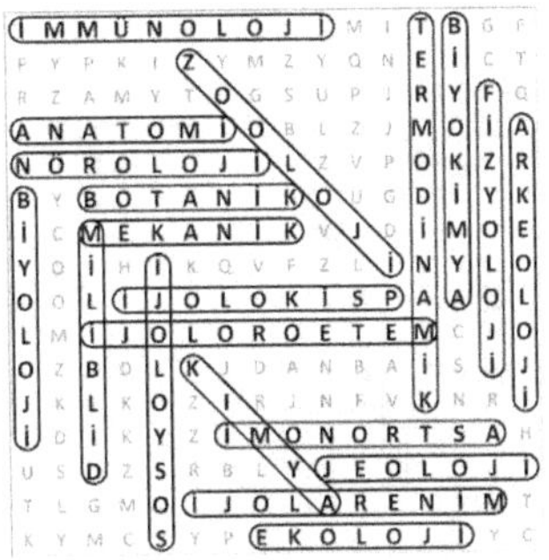

30 - Cocina

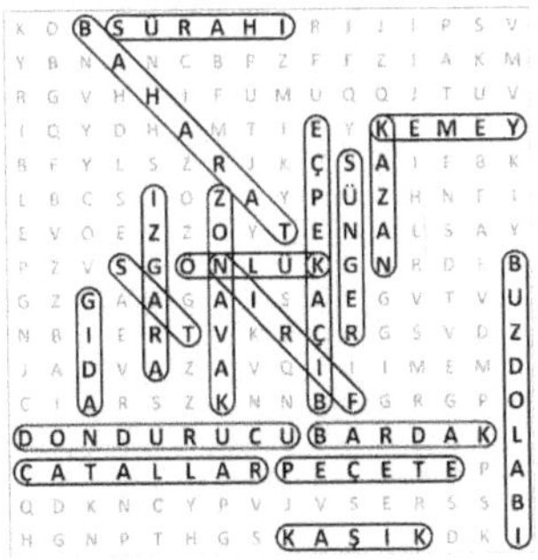

31 - Electricidad

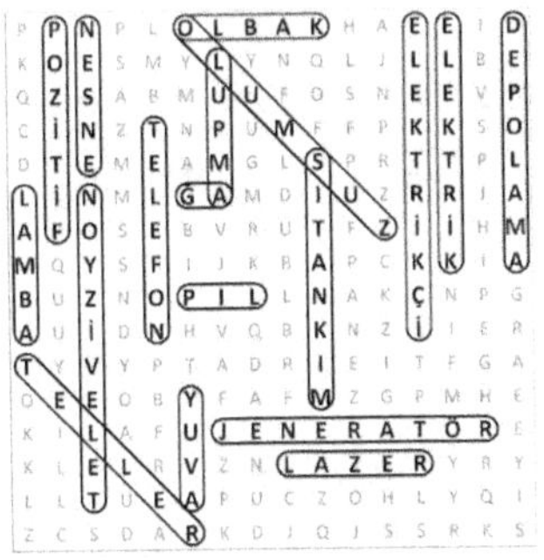

32 - Salud y Bienestar #1

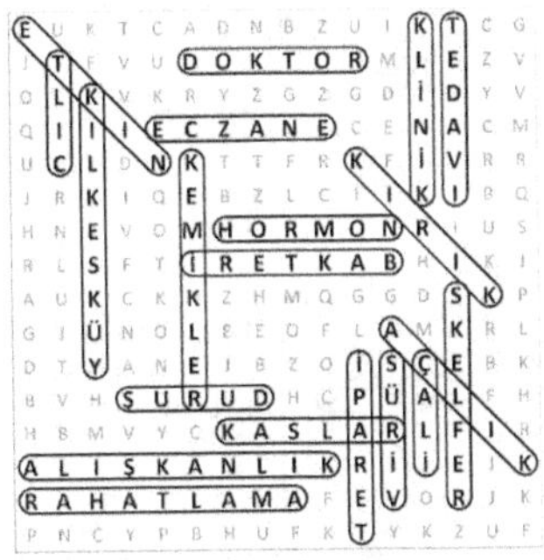

33 - Adjetivos #2

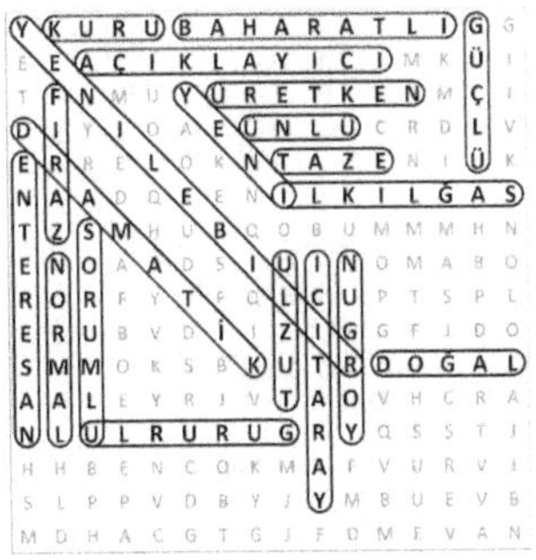

34 - Cuerpo Humano

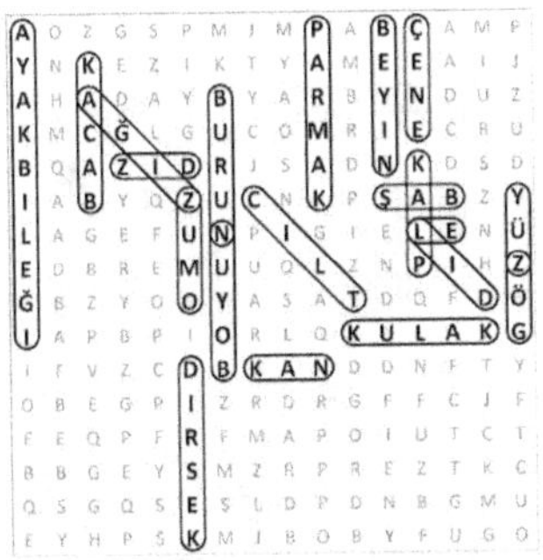

35 - Ciencia

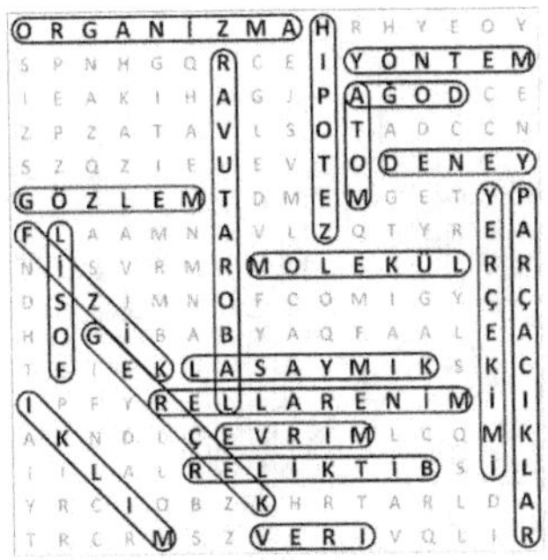

36 - Restaurante #2

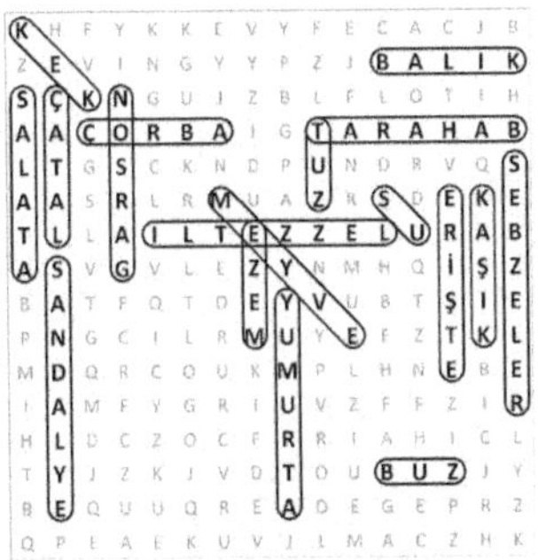

37 - Profesiones #1

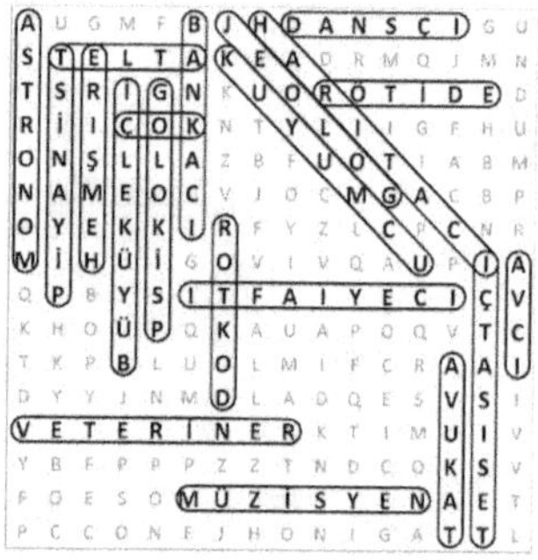

38 - Vehículos

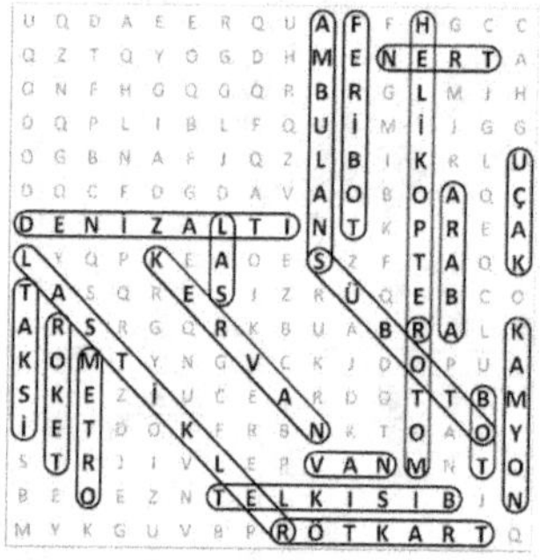

39 - Geometría

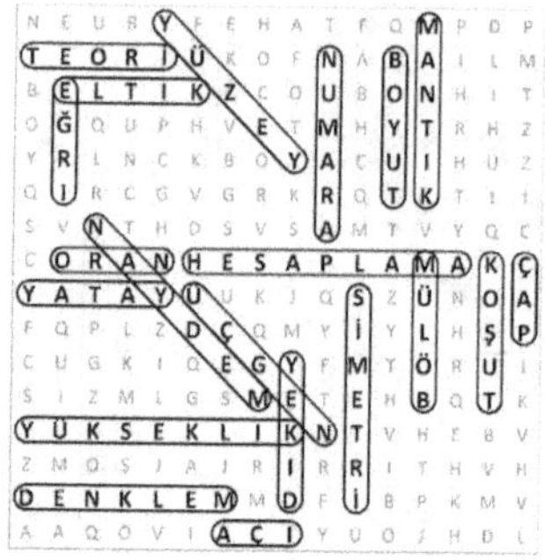

40 - Vacaciones #2

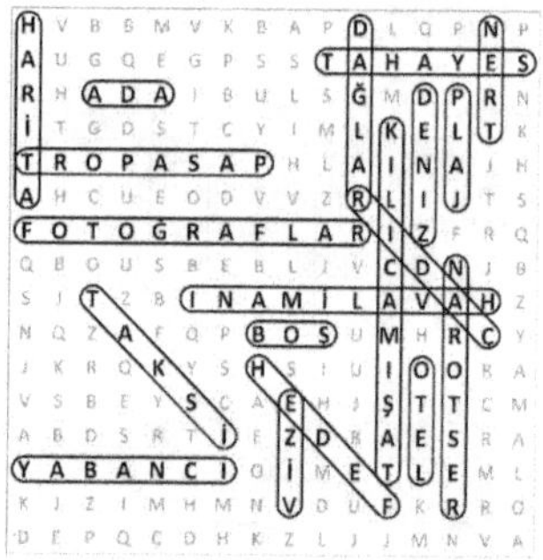

41 - Baile

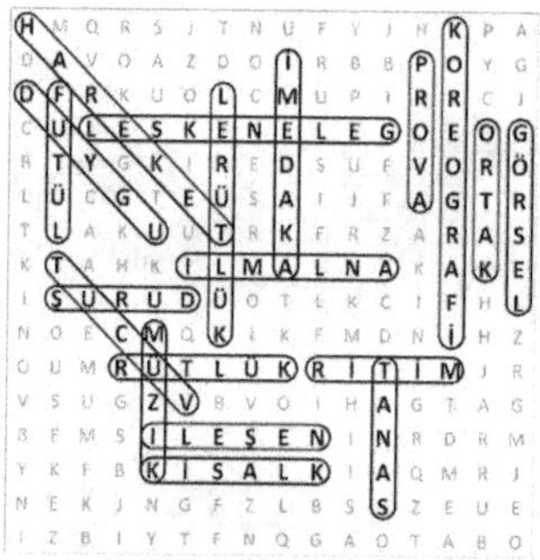

42 - Matemáticas

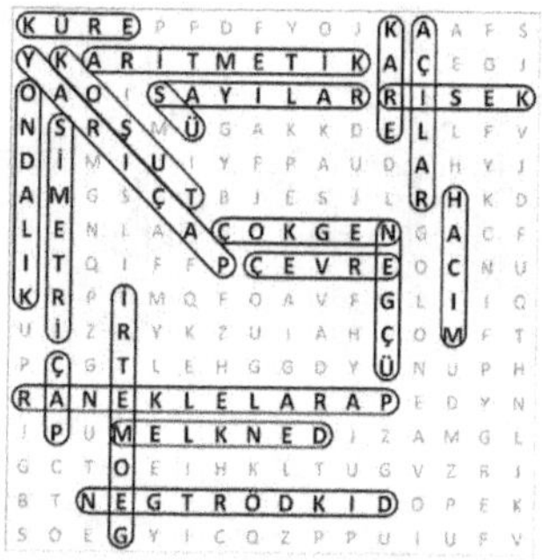

43 - Restaurante #1

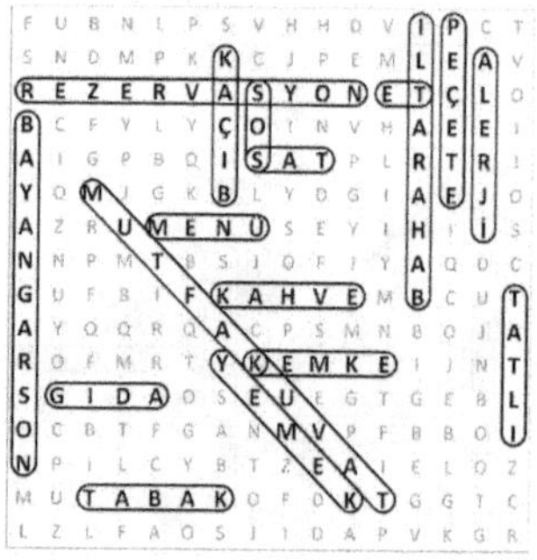

44 - Profesiones #2

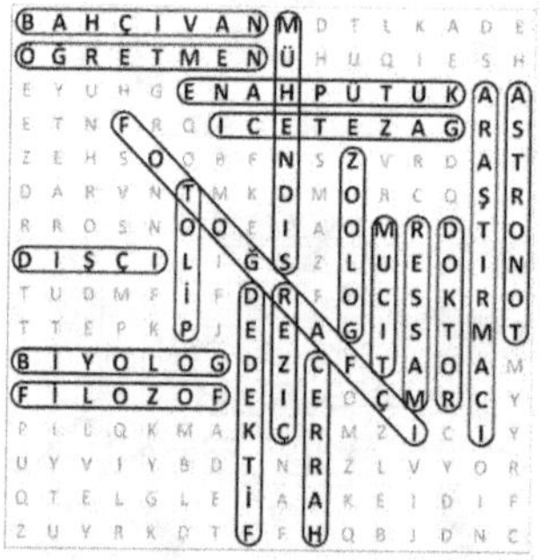

45 - Naturaleza

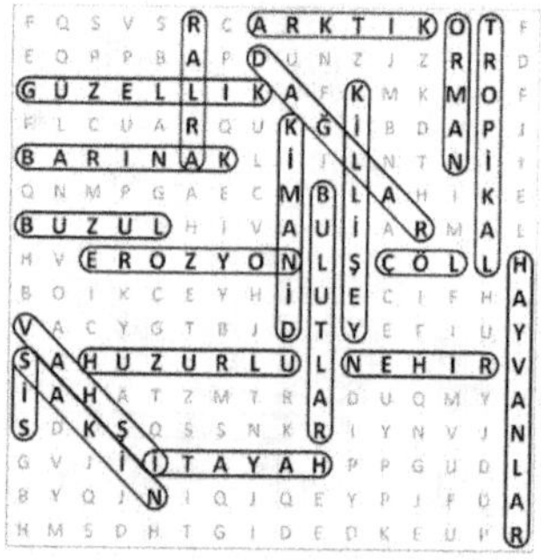

46 - Conduciendo

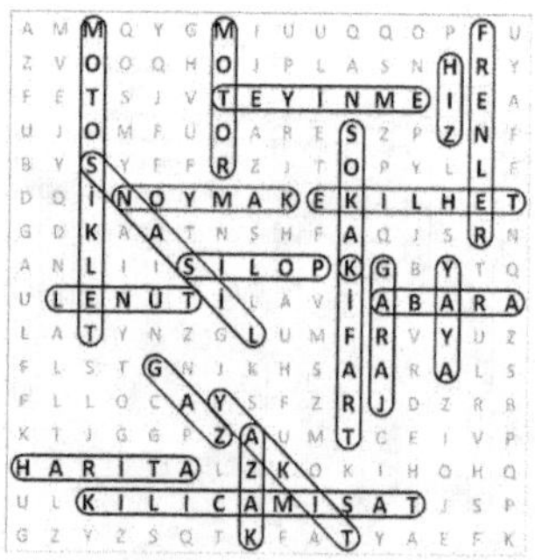

47 - Ballet

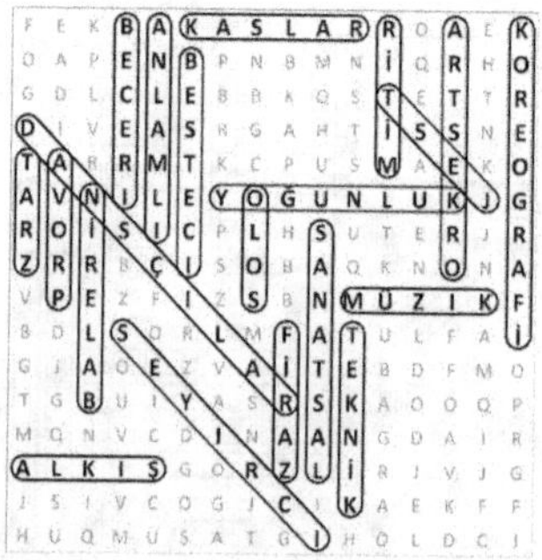

48 - Fuerza y Gravedad

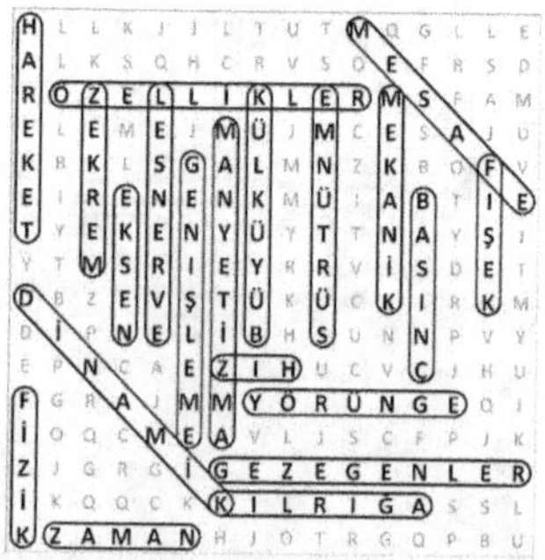

49 - Aventura

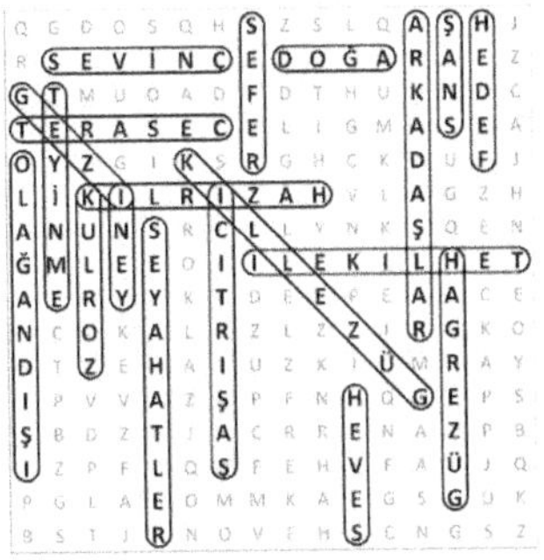

50 - Pájaros

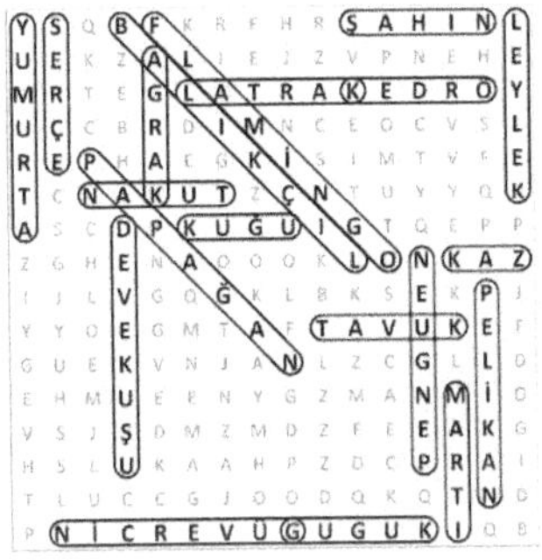

51 - Geografía

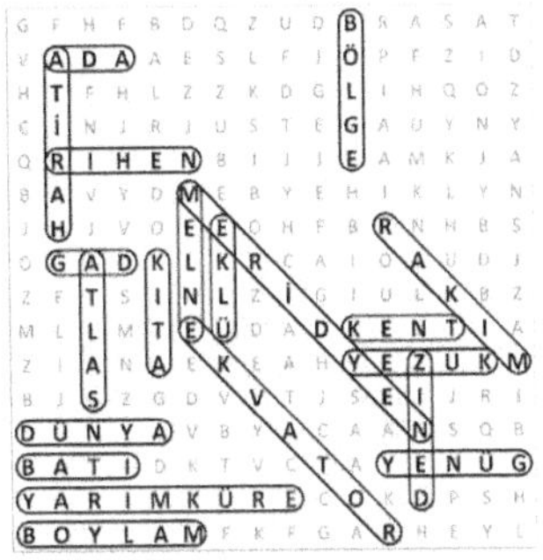

52 - Música

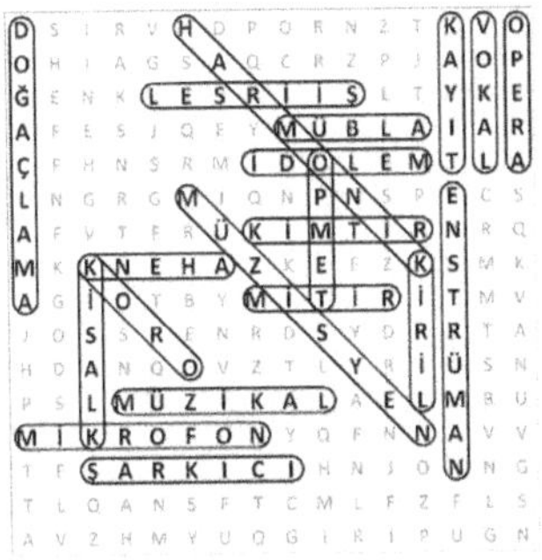

53 - Enfermedad

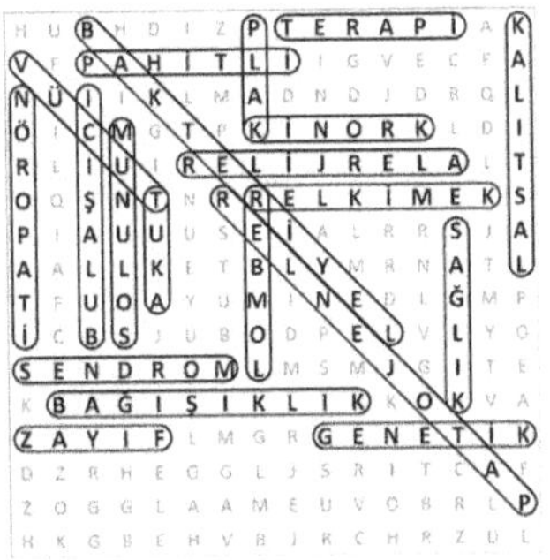

54 - Deportes

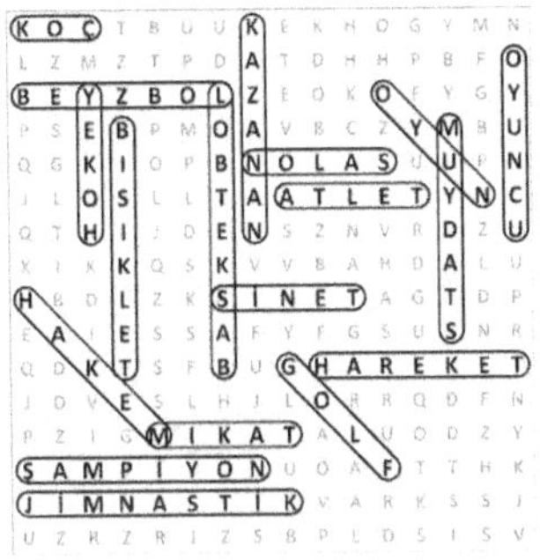

55 - Actividades

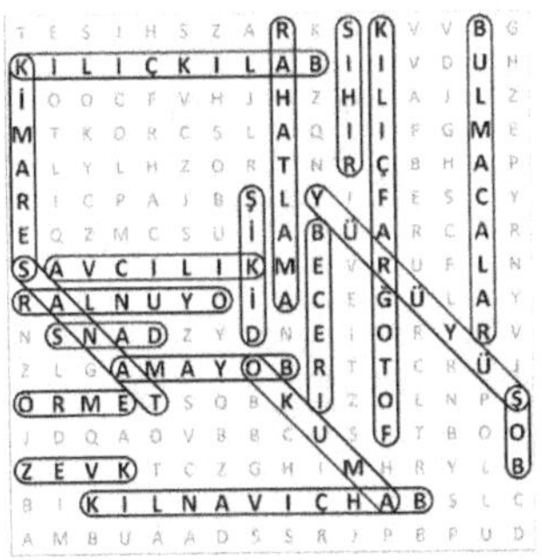

56 - Verduras

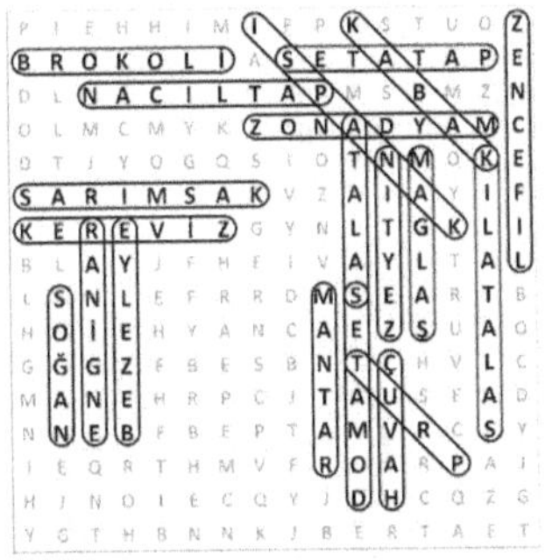

57 - Instrumentos Musicales

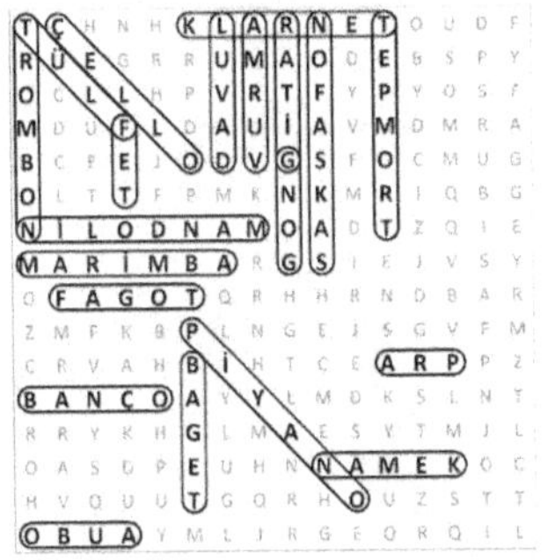

58 - Formas

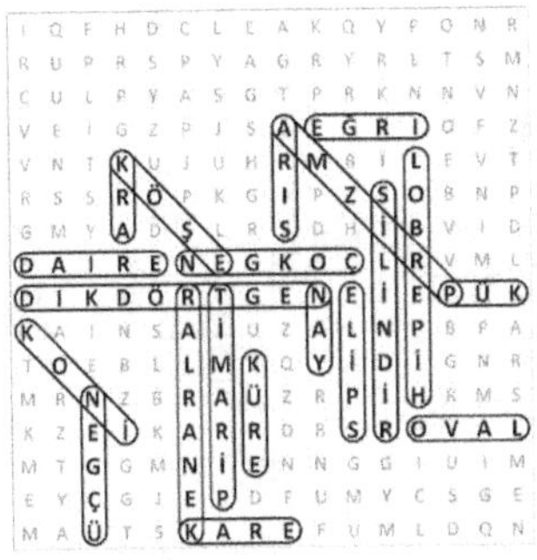

59 - Flores

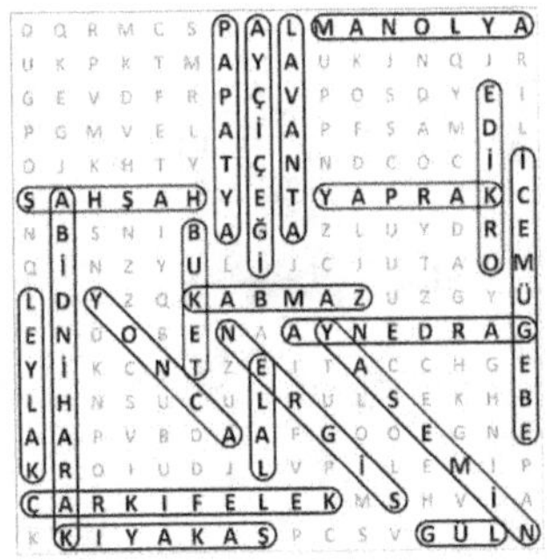

60 - Astronomía

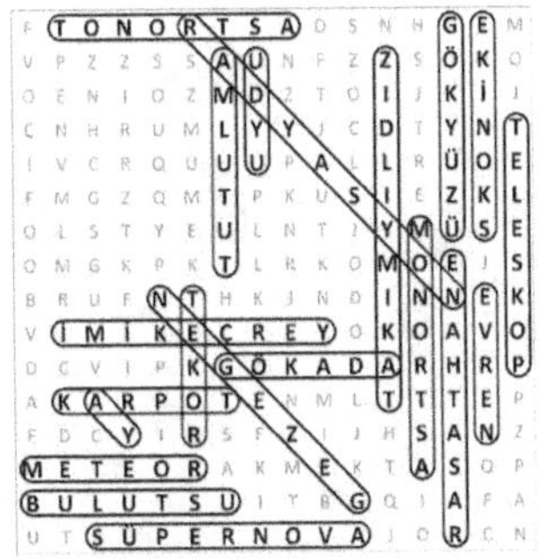

61 - Tiempo

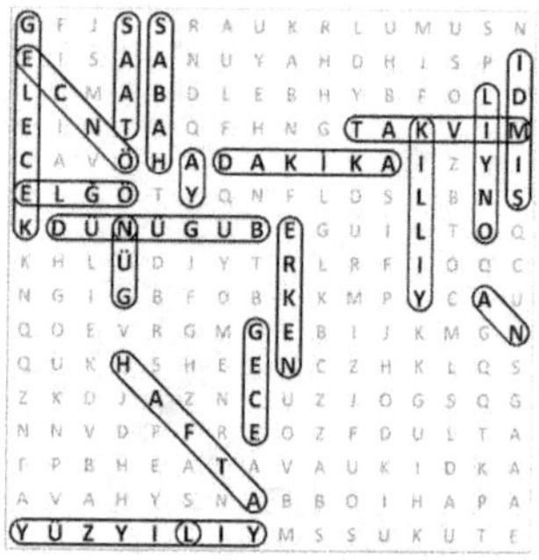

62 - Paisajes

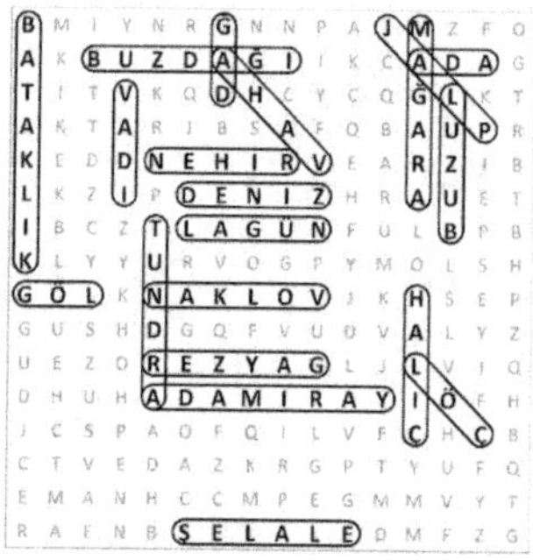

63 - Días y Meses

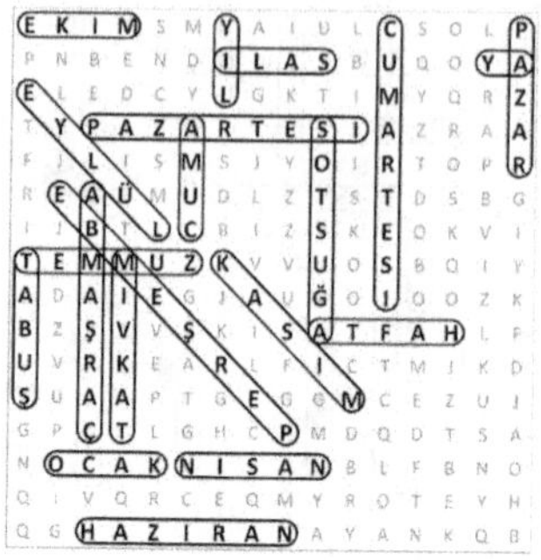

64 - Biología

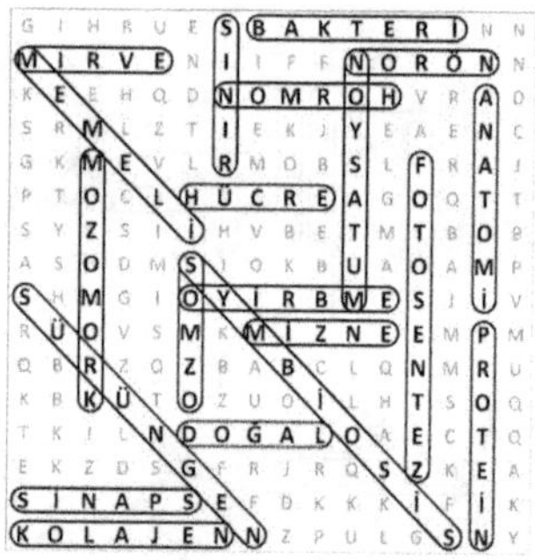

65 - Jardinería

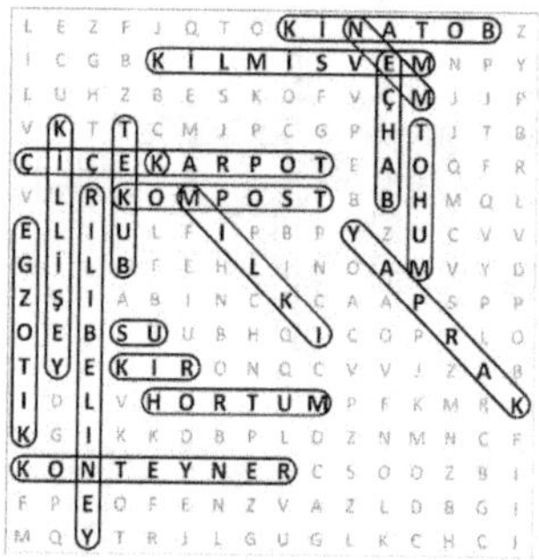

66 - Chocolate

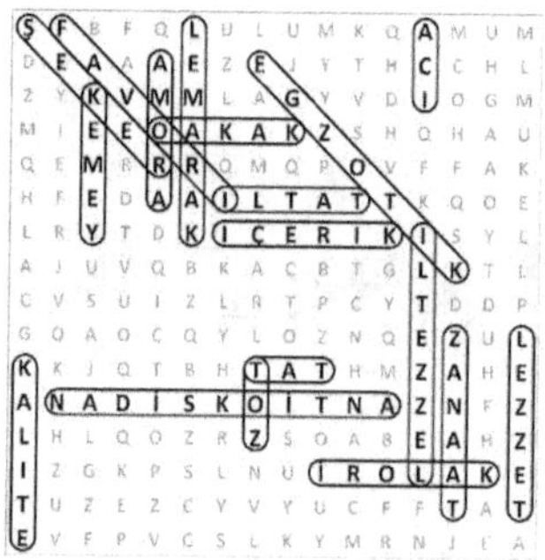

67 - Barbacoas

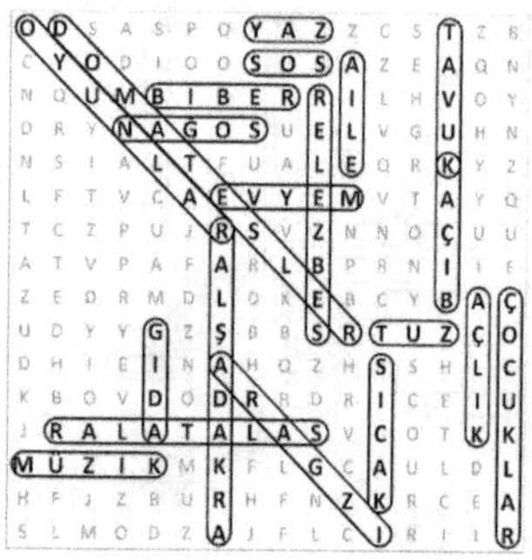

68 - Ropa

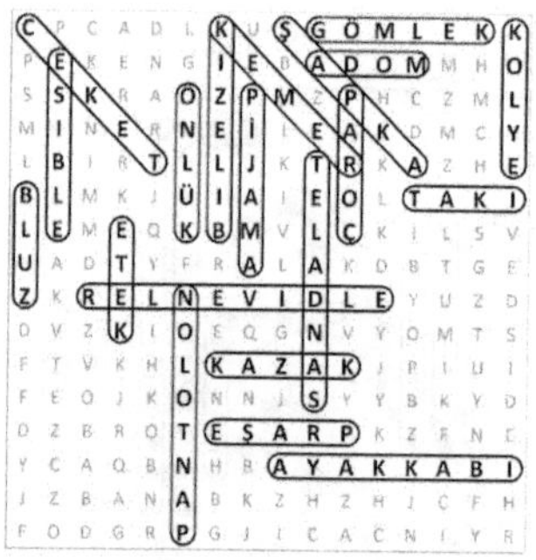

69 - Meditación

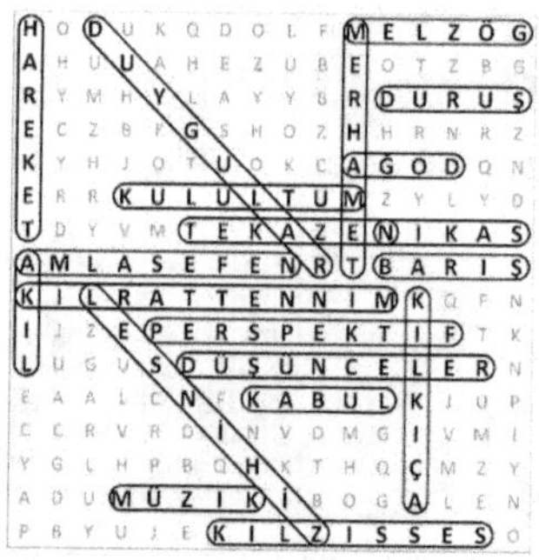

70 - Libros

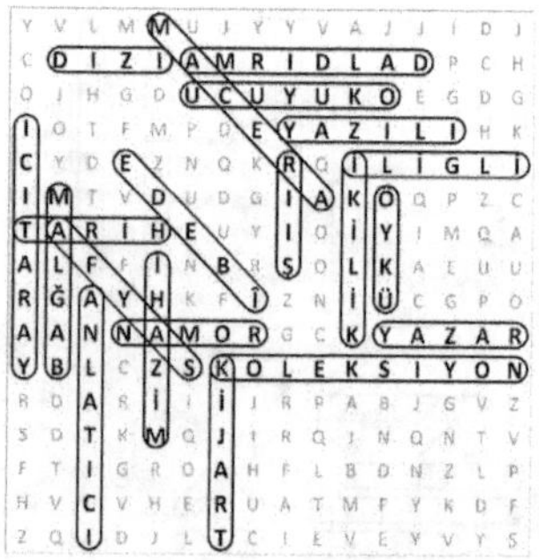

71 - Nutrición

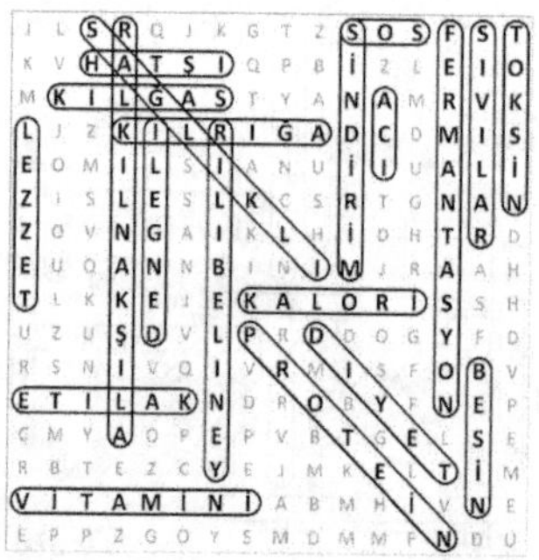

72 - Política

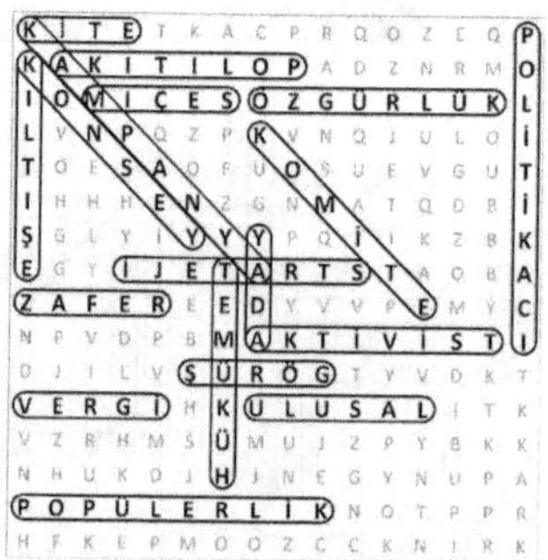

73 - Edificios

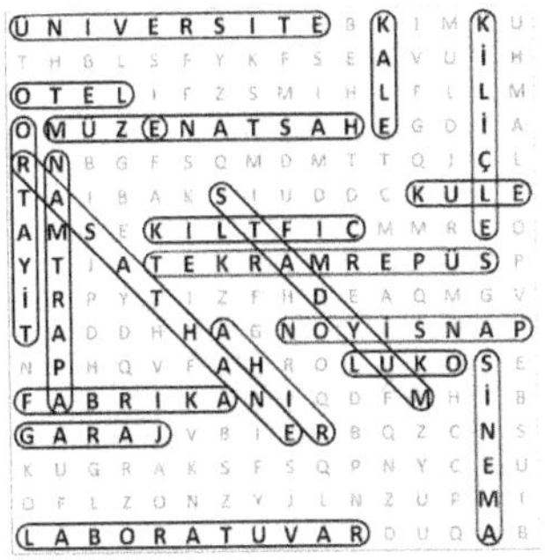

74 - Océano

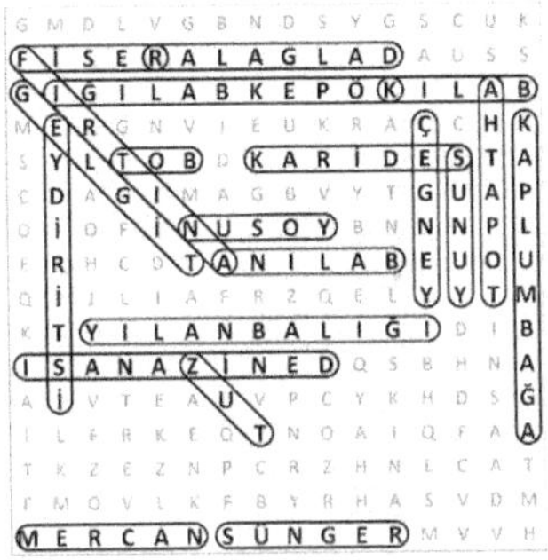

75 - Ciudad

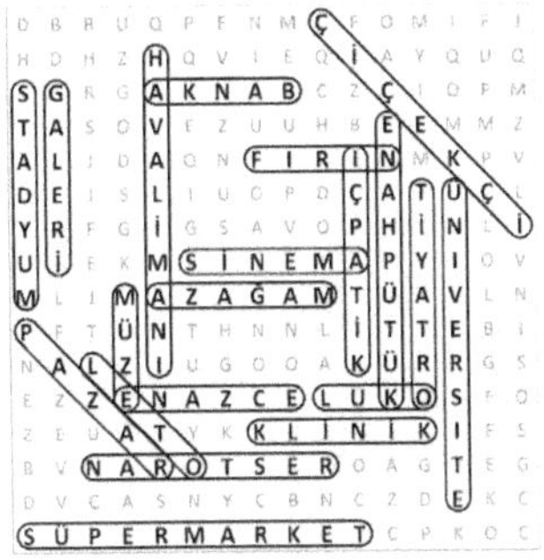

76 - Agronomía

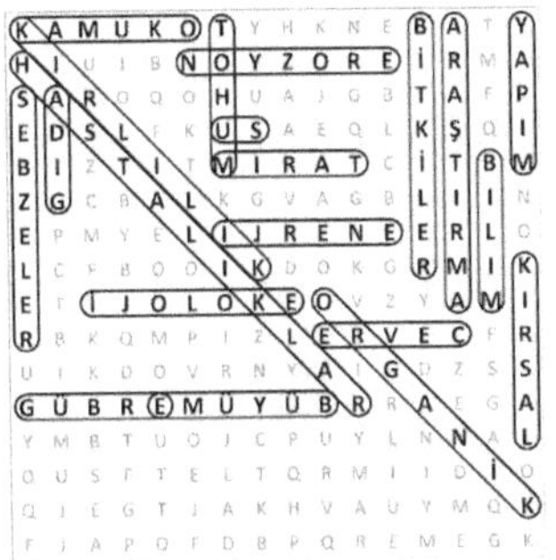

77 - Actividades y Ocio

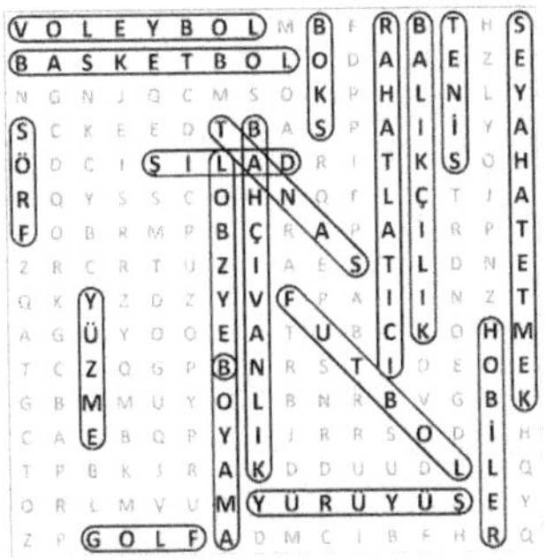

78 - Ingeniería

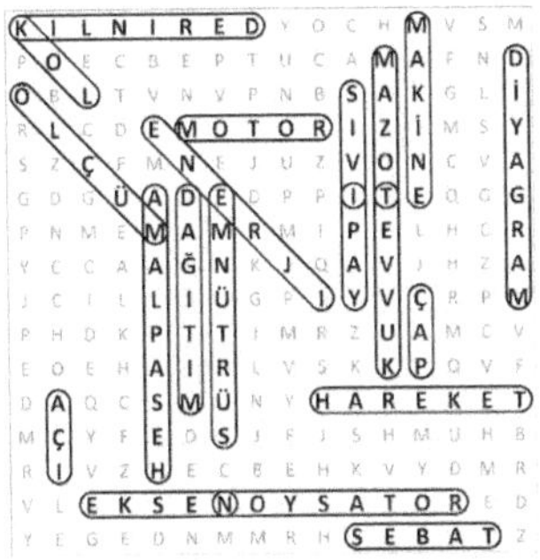

79 - Comida #1

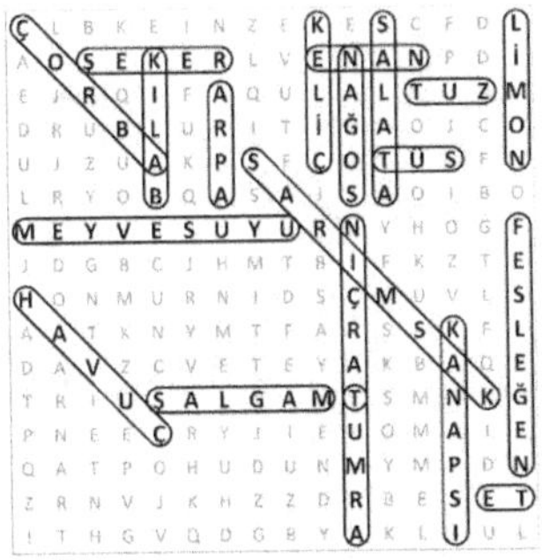

80 - Antigüedades

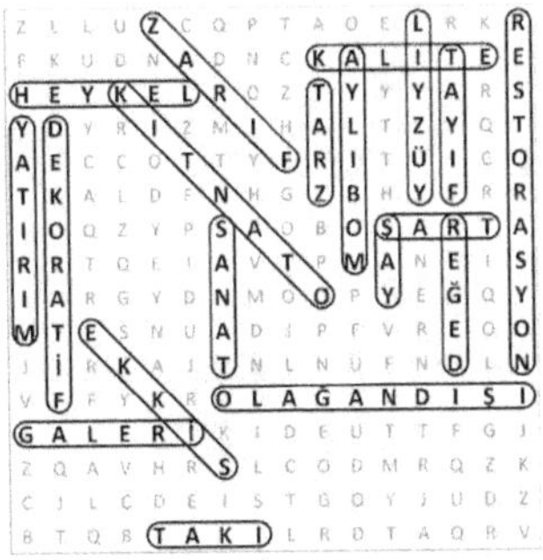

81 - Literatura

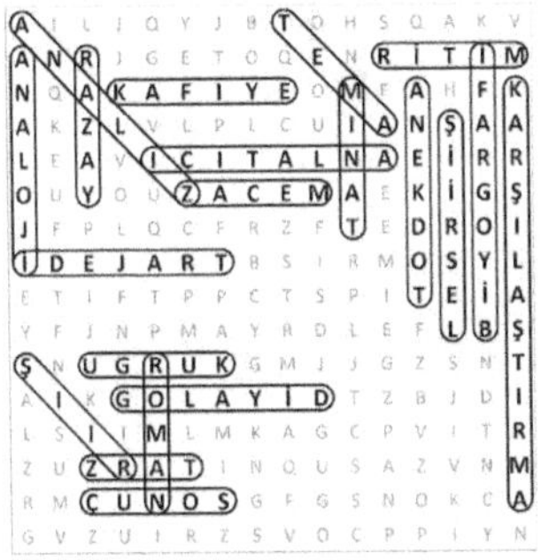

82 - Química

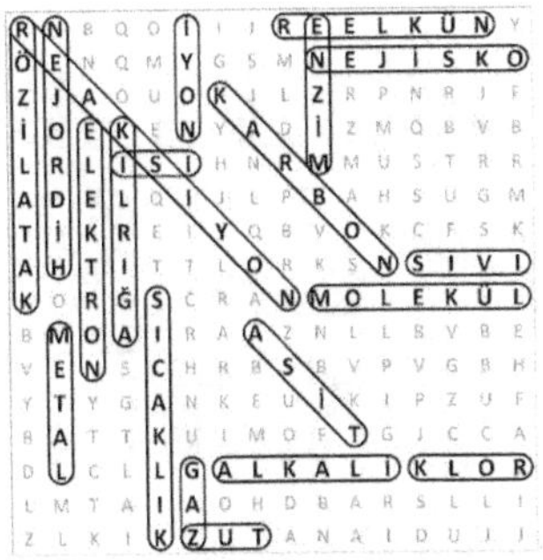

83 - Gobierno

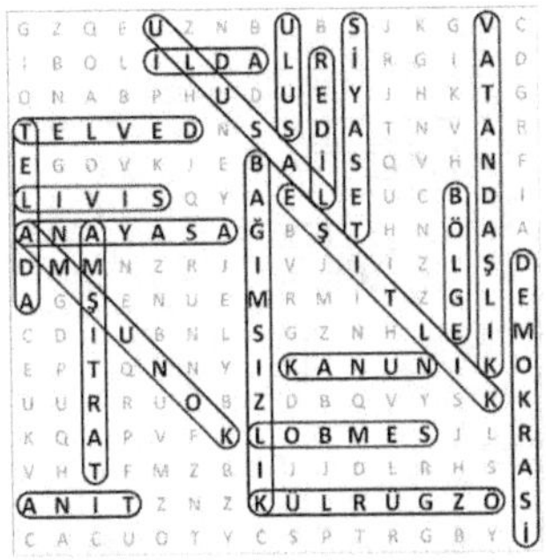

84 - Clima

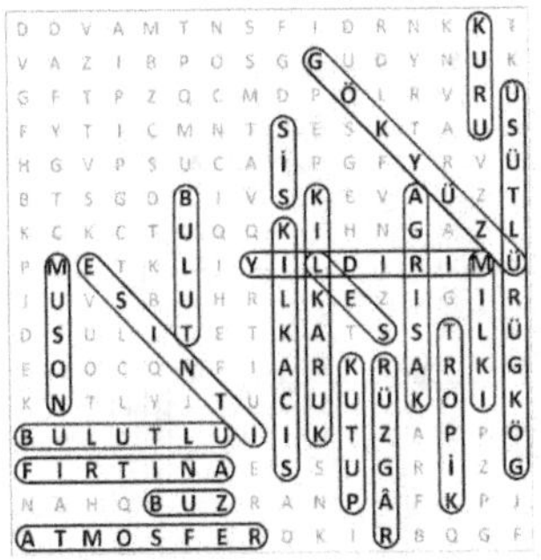

85 - Comida #2

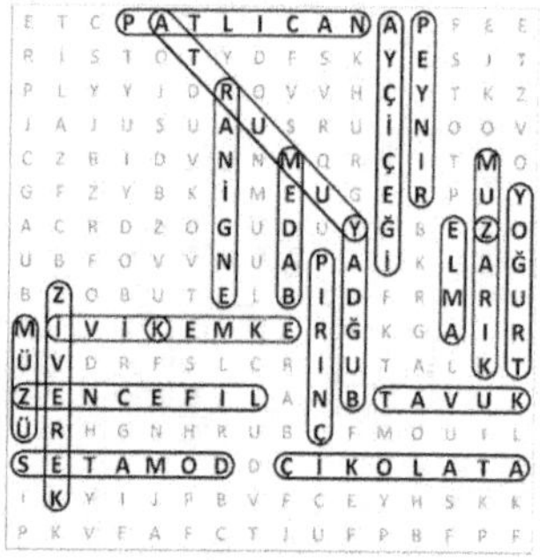

86 - Diplomacia

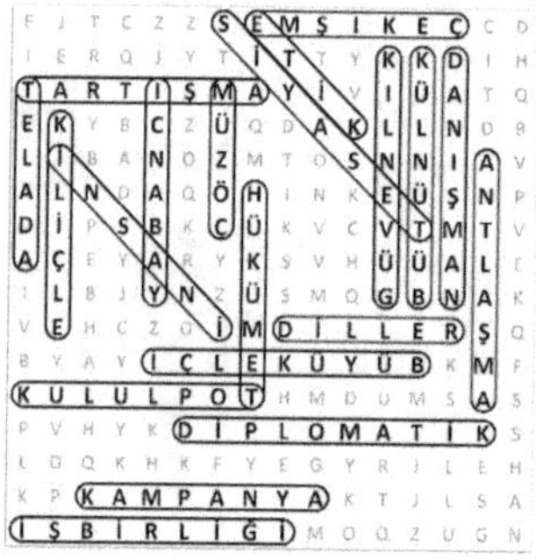

87 - Herboristería

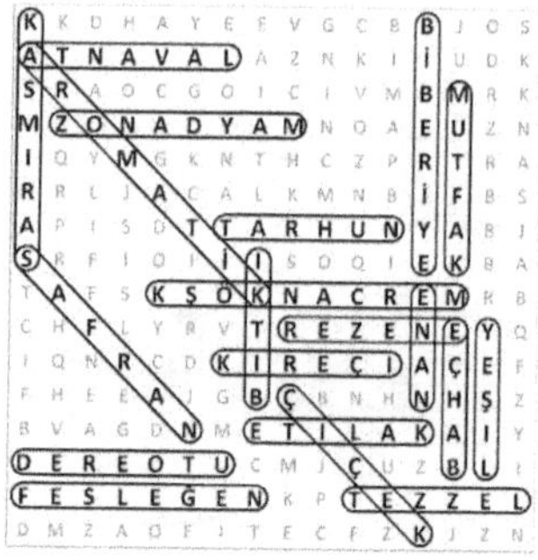

88 - Energía

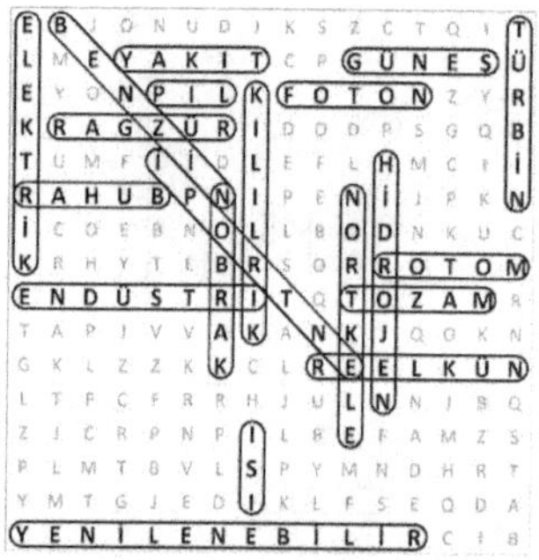

89 - Insectos

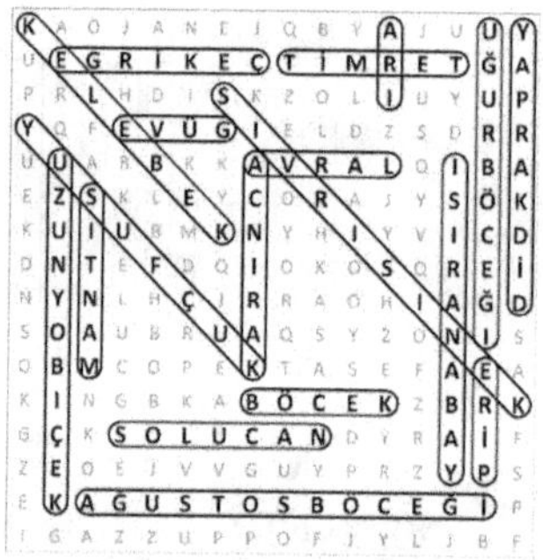

90 - Especias

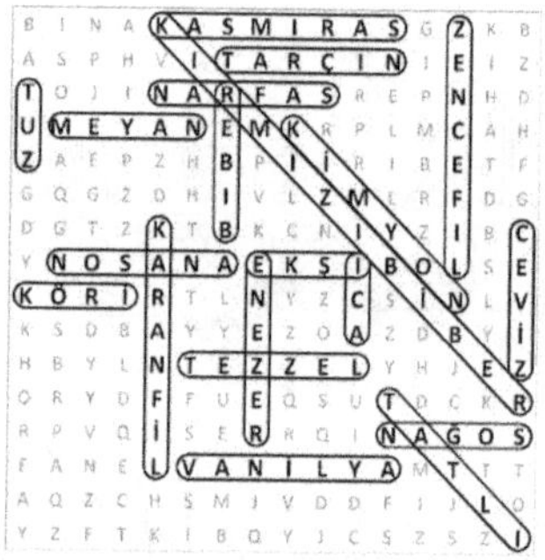

91 - Emociones

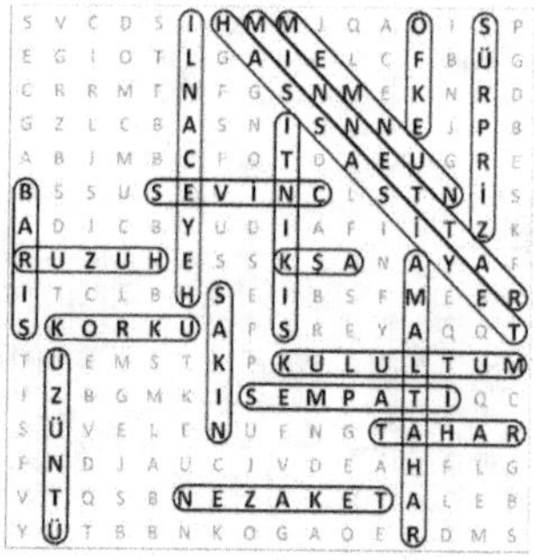

92 - Universo

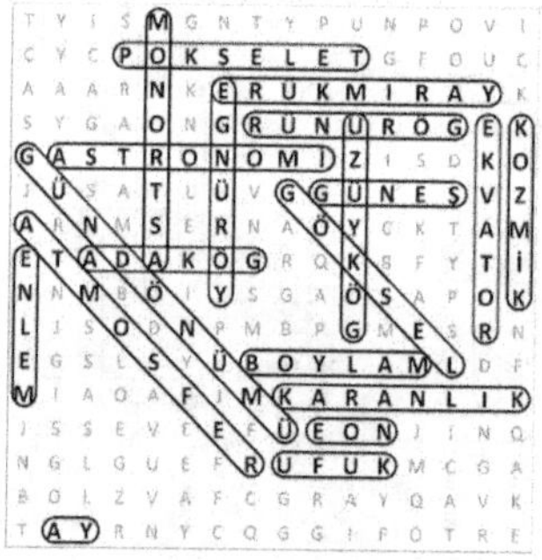

93 - Jazz

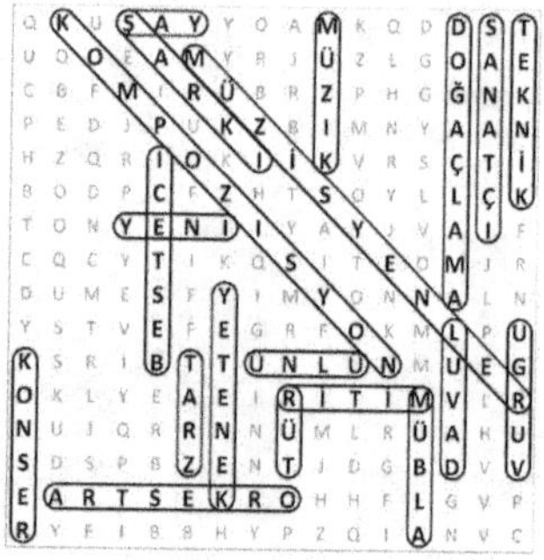

94 - Mediciones

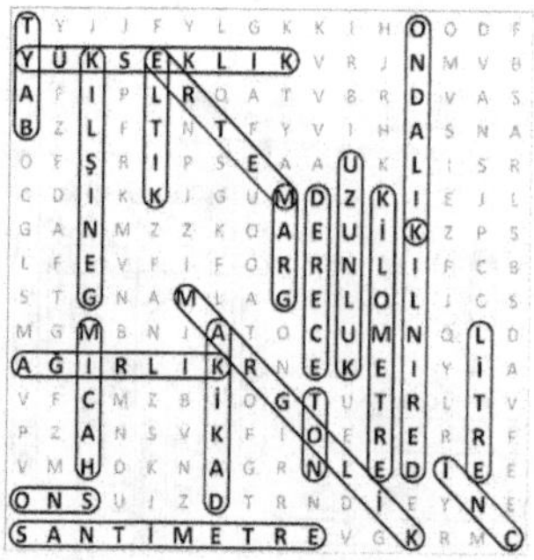

95 - Barcos

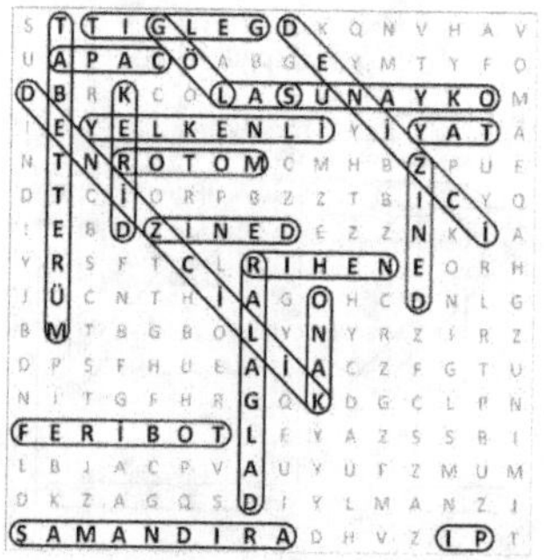

96 - Antártida

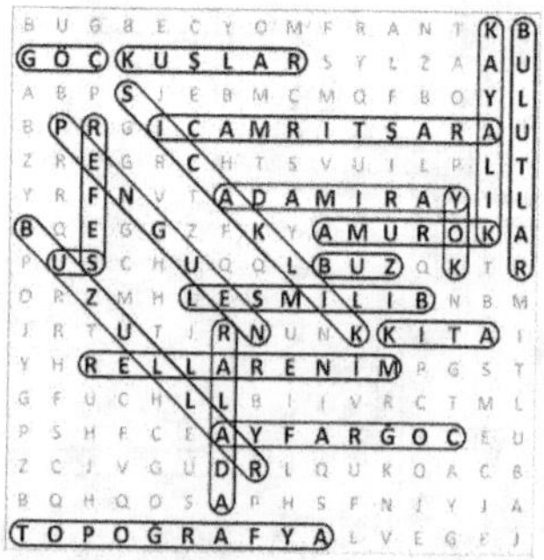

97 - Mamíferos

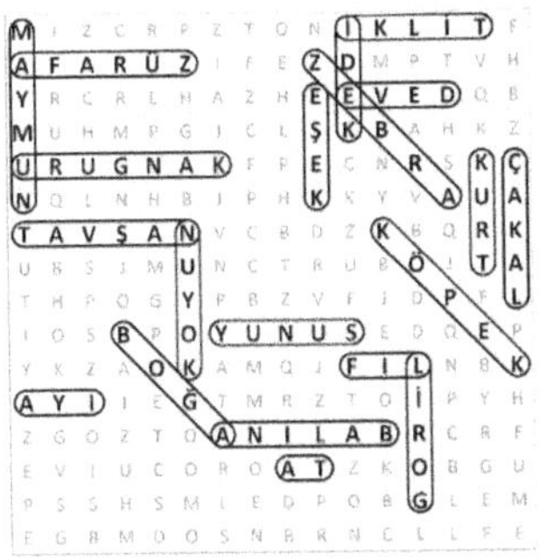

98 - Boxeo

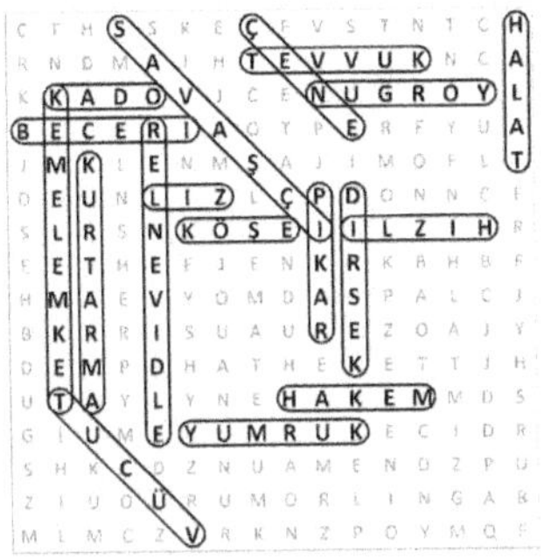

99 - Abejas

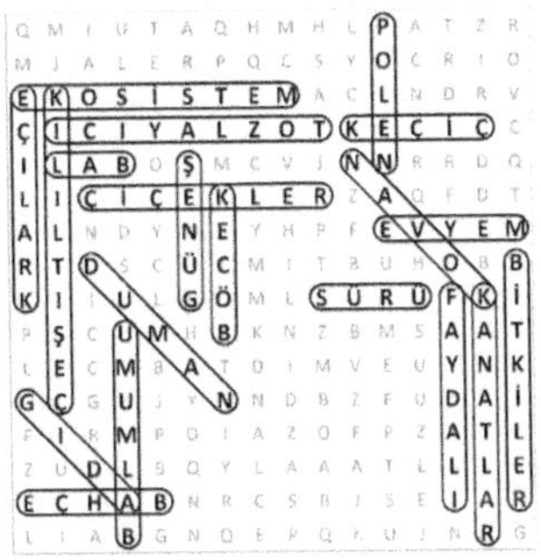

100 - Psicología

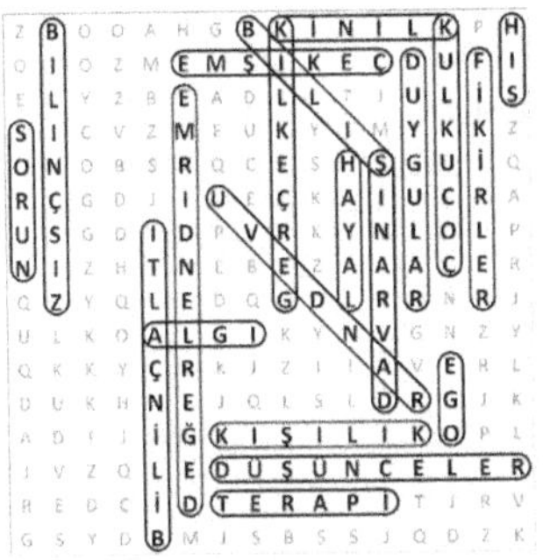

Diccionario

Abejas
Arılar

Alas	Kanatlar
Beneficioso	Faydali
Cera	Balmumu
Colmena	Kovan
Comida	Gida
Diversidad	Çeşitlilik
Ecosistema	Ekosistem
Enjambre	Sürü
Flor	Çiçek
Flores	Çiçekler
Fruta	Meyve
Humo	Duman
Insecto	Böcek
Jardín	Bahçe
Miel	Bal
Plantas	Bitkiler
Polen	Polen
Polinizador	Tozlayici
Reina	Kraliçe
Sol	Güneş

Actividades
Etkinlikler

Arte	Sanat
Baile	Dans
Caza	Avcilik
Cerámica	Seramik
Costura	Dikiş
Fotografía	Fotoğrafçilik
Habilidad	Beceri
Jardinería	Bahçivanlik
Juegos	Oyunlar
Lectura	Okuma
Magia	Sihir
Ocio	Boş
Pesca	Balikçilik
Pintura	Boyama
Placer	Zevk
Relajación	Rahatlama
Rompecabezas	Bulmacalar
Senderismo	Yürüyüş
Tejer	Örme

Actividades y Ocio
Aktiviteler ve boş Zaman

Aficiones	Hobiler
Arte	Sanat
Baloncesto	Basketbol
Béisbol	Beyzbol
Boxeo	Boks
Buceo	Daliş
Fútbol	Futbol
Golf	Golf
Jardinería	Bahçivanlik
Natación	Yüzme
Pesca	Balikçilik
Pintura	Boyama
Relajante	Rahatlatici
Senderismo	Yürüyüş
Surf	Sörf
Tenis	Tenis
Viaje	Seyahat Etmek
Voleibol	Voleybol

Adjetivos #1
Sıfatlar #1

Absoluto	Mutlak
Activo	Etkin
Ambicioso	Hirsli
Aromático	Aromatik
Atractivo	Çekici
Brillante	Parlak
Enorme	Kocaman
Exótico	Egzotik
Generoso	Cömert
Grande	Büyük
Honesto	Dürüst
Importante	Önemli
Inocente	Masum
Joven	Genç
Lento	Yavaş
Moderno	Modern
Oscuro	Karanlik
Perfecto	Kusursuz
Pesado	Ağir
Valioso	Değerli

Adjetivos #2
Sıfatlar #2

Cansado	Yorgun
Comestible	Yenilebilir
Creativo	Yaratici
Descriptivo	Açiklayici
Dramático	Dramatik
Elegante	Zarif
Famoso	Ünlü
Fresco	Taze
Fuerte	Güçlü
Interesante	Enteresan
Natural	Doğal
Normal	Normal
Nuevo	Yeni
Orgulloso	Gururlu
Picante	Baharatli
Productivo	Üretken
Responsable	Sorumlu
Salado	Tuzlu
Saludable	Sağlikli
Seco	Kuru

Agronomía
Tarım

Agricultura	Tarim
Agua	Su
Ciencia	Bilim
Comida	Gida
Contaminación	Kirlilik
Crecimiento	Büyüme
Ecología	Ekoloji
Energía	Enerji
Enfermedades	Hastaliklar
Erosión	Erozyon
Estudio	Okumak
Fertilizante	Gübre
Investigación	Araştirma
Medio Ambiente	Çevre
Orgánico	Organik
Plantas	Bitkiler
Producción	Yapim
Rural	Kirsal
Semillas	Tohum
Verduras	Sebzeler

Antártida
Antarktika

Agua	Su
Bahía	Koy
Científico	Bilimsel
Conservación	Koruma
Continente	Kita
Expedición	Sefer
Geografía	Coğrafya
Glaciares	Buzullar
Hielo	Buz
Investigador	Araştirmaci
Islas	Adalar
Migración	Göç
Minerales	Mineraller
Nubes	Bulutlar
Pájaros	Kuşlar
Península	Yarimada
Pingüinos	Penguen
Rocoso	Kayalik
Temperatura	Sicaklik
Topografía	Topoğrafya

Antigüedades
Antikacılar

Arte	Sanat
Auténtico	Otantik
Calidad	Kalite
Condición	Şart
Decorativo	Dekoratif
Elegante	Zarif
Escultura	Heykel
Estilo	Tarz
Galería	Galeri
Inusual	Olağan Dişi
Inversión	Yatirim
Joyas	Taki
Monedas	Sikke
Mueble	Mobilya
Precio	Fiyat
Restauración	Restorasyon
Siglo	Yüzyil
Valor	Değer
Viejo	Yaş

Arqueología
Arkeoloji

Análisis	Analiz
Civilización	Medeniyet
Descendiente	Döl
Desconocido	Bilinmeyen
Equipo	Takim
Era	Çağ
Evaluación	Değerlendirme
Experto	Uzman
Fósil	Fosil
Fragmentos	Parça
Huesos	Kemikler
Investigador	Araştirmaci
Misterio	Gizem
Objetos	Nesne
Olvidado	Unutulmuş
Profesor	Profesör
Reliquia	Kalinti
Templo	Tapinak
Tumba	Mezar

Astronomía
Astronomi

Astronauta	Astronot
Astrónomo	Astronom
Cielo	Gökyüzü
Cohete	Roket
Constelación	Takimyildiz
Eclipse	Tutulma
Equinoccio	Ekinoks
Galaxia	Gökada
Gravedad	Yerçekimi
Luna	Ay
Meteoro	Meteor
Nebulosa	Bulutsu
Observatorio	Rasathane
Planeta	Gezegen
Radiación	Radyasyon
Satélite	Uydu
Supernova	Süpernova
Telescopio	Teleskop
Tierra	Toprak
Universo	Evren

Aventura
Macera

Alegría	Sevinç
Amigos	Arkadaşlar
Belleza	Güzellik
Destino	Hedef
Dificultad	Zorluk
Entusiasmo	Heves
Excursión	Gezi
Inusual	Olağan Dişi
Itinerario	Güzergah
Naturaleza	Doğa
Navegación	Sefer
Nuevo	Yeni
Oportunidad	Şans
Peligroso	Tehlikeli
Preparación	Hazirlik
Seguridad	Emniyet
Sorprendente	Şaşirtici
Valentía	Cesaret
Viajes	Seyahatler

Aviones
Uçaklar

Aire	Hava
Altitud	Rakim
Altura	Yükseklik
Aterrizaje	Iniş
Atmósfera	Atmosfer
Aventura	Macera
Cielo	Gökyüzü
Combustible	Yakit
Construcción	Yapi
Dirección	Yön
Diseño	Tasarim
Globo	Balon
Hélices	Pervane
Hidrógeno	Hidrojen
Historia	Tarih
Motor	Motor
Pasajero	Yolcu
Piloto	Pilot
Tripulación	Mürettebat
Turbulencia	Türbülans

Álgebra
Cebir

Cero	Sifir
Diagrama	Diyagram
División	Bölüm
Ecuación	Denklem
Exponente	Üs
Factor	Faktör
Falso	Yanliş
Fórmula	Formül
Fracción	Kesir
Infinito	Sonsuz
Lineal	Doğrusal
Matriz	Matris
Número	Numara
Paréntesis	Parantez
Problema	Sorun
Resolver	Çözmek
Resta	Çikarma
Simplificar	Basitleştir
Solución	Çözüm
Variable	Değişken

Baile
Dans

Academia	Akademi
Alegre	Neşeli
Arte	Sanat
Clásico	Klasik
Coreografía	Koreografi
Cuerpo	Vücut
Cultura	Kültür
Cultural	Kültürel
Emoción	Duygu
Ensayo	Prova
Expresivo	Anlamli
Gracia	Lütuf
Movimiento	Hareket
Música	Müzik
Postura	Duruş
Ritmo	Ritim
Socio	Ortak
Tradicional	Geleneksel
Visual	Görsel

Ballet
Bale

Agraciado	Zarif
Aplauso	Alkiş
Artístico	Sanatsal
Audiencia	Seyirci
Bailarina	Balerin
Bailarines	Dansçilar
Compositor	Besteci
Coreografía	Koreografi
Ensayo	Prova
Estilo	Tarz
Expresivo	Anlamli
Gesto	Jest
Habilidad	Beceri
Intensidad	Yoğunluk
Músculos	Kaslar
Música	Müzik
Orquesta	Orkestra
Ritmo	Ritim
Solo	Solo
Técnica	Teknik

Barbacoas
Barbeküler

Amigos	Arkadaşlar
Caliente	Sicak
Cebollas	Soğan
Comida	Gida
Cuchillos	Biçak
Ensaladas	Salatalar
Familia	Aile
Fruta	Meyve
Hambre	Açlik
Juegos	Oyunlar
Música	Müzik
Niños	Çocuklar
Parrilla	Izgara
Pimienta	Biber
Pollo	Tavuk
Sal	Tuz
Salsa	Sos
Tomates	Domatesler
Verano	Yaz
Verduras	Sebzeler

Barcos
Tekneler

Ancla	Çapa
Balsa	Sal
Boya	Şamandira
Canoa	Kano
Cuerda	Ip
Ferry	Feribot
Lago	Göl
Mar	Deniz
Marea	Gelgit
Marinero	Denizci
Marítimo	Denizcilik
Mástil	Direk
Motor	Motor
Náutico	Deniz
Océano	Okyanus
Olas	Dalgalar
Río	Nehir
Tripulación	Mürettebat
Velero	Yelkenli
Yate	Yat

Belleza
Güzellik

Aceites	Yağlar
Champú	Şampuan
Color	Renk
Cosméticos	Kozmetik
Elegancia	Zarafet
Elegante	Zarif
Encanto	Cazibe
Espejo	Ayna
Estilista	Stilist
Fotogénico	Fotojenik
Fragancia	Koku
Gracia	Lütuf
Maquillaje	Makyaj
Piel	Cilt
Pintalabios	Ruj
Rímel	Maskara
Suave	Düz
Tijeras	Makas

Biología
Biyoloji

Anatomía	Anatomi
Bacterias	Bakteri
Celda	Hücre
Colágeno	Kolajen
Cromosoma	Kromozom
Embrión	Embriyo
Enzima	Enzim
Evolución	Evrim
Fotosíntesis	Fotosentez
Hormona	Hormon
Mamífero	Memeli
Mutación	Mutasyon
Natural	Doğal
Nervio	Sinir
Neurona	Nöron
Ósmosis	Ozmos
Proteína	Protein
Reptil	Sürüngen
Simbiosis	Symbiosis
Sinapsis	Sinaps

Boxeo
Kutulama

Árbitro	Hakem
Barbilla	Çene
Campana	Zil
Centrar	Odak
Codo	Dirsek
Cuerdas	Halat
Cuerpo	Vücut
Esquina	Köşe
Exhausto	Yorgun
Fuerza	Kuvvet
Guantes	Eldivenler
Habilidad	Beceri
Luchador	Savaşçi
Oponente	Rakip
Patear	Tekmelemek
Puño	Yumruk
Rápido	Hizli
Recuperación	Kurtarma

Camping
Kamp Yapmak

Animales	Hayvanlar
Aventura	Macera
Árboles	Ağaçlar
Bosque	Orman
Brújula	Pusula
Cabina	Kabin
Canoa	Kano
Carpa	Çadir
Caza	Avcilik
Cuerda	Ip
Fuego	Ateş
Hamaca	Hamak
Insecto	Böcek
Lago	Göl
Linterna	Fener
Luna	Ay
Mapa	Harita
Montaña	Dağ
Naturaleza	Doğa
Sombrero	Şapka

Casa
Ev

Alfombra	Kilim
Ático	Çati Kati
Biblioteca	Kütüphane
Chimenea	Baca
Cocina	Mutfak
Dormitorio	Yatak Odasi
Ducha	Duş
Escoba	Süpürge
Espejo	Ayna
Garaje	Garaj
Grifo	Musluk
Jardín	Bahçe
Lámpara	Lamba
Pared	Duvar
Piso	Zemin
Puerta	Kapi
Sótano	Bodrum
Techo	Çati
Valla	Çit
Ventana	Pencere

Chocolate
Çikolatalı

Amargo	Aci
Antioxidante	Antioksidan
Aroma	Aroma
Artesanal	Zanaat
Azúcar	Şeker
Cacao	Kakao
Calidad	Kalite
Calorías	Kalori
Caramelo	Karamel
Comer	Yemek
Delicioso	Lezzetli
Dulce	Tatli
Exótico	Egzotik
Favorito	Favori
Gusto	Tat
Ingrediente	Içerik
Polvo	Toz
Sabor	Lezzet

Ciencia
Bilim

Átomo	Atom
Clima	Iklim
Datos	Veri
Evolución	Evrim
Experimento	Deney
Física	Fizik
Fósil	Fosil
Gravedad	Yerçekimi
Hecho	Gerçek
Hipótesis	Hipotez
Laboratorio	Laboratuvar
Método	Yöntem
Minerales	Mineraller
Moléculas	Molekül
Naturaleza	Doğa
Observación	Gözlem
Organismo	Organizma
Partículas	Parçaciklar
Plantas	Bitkiler
Químico	Kimyasal

Ciencia Ficción
Bilim Kurgu

Atómico	Atomik
Cine	Sinema
Distante	Uzak
Explosión	Patlama
Extremo	Aşiri
Fantástico	Fantastik
Fuego	Ateş
Futurista	Fütüristik
Galaxia	Gökada
Ilusión	Yanilsama
Imaginario	Hayali
Libros	Kitaplar
Misterioso	Gizemli
Mundo	Dünya
Oráculo	Kehanet
Planeta	Gezegen
Realista	Gerçekçi
Robots	Robotlar
Tecnología	Teknoloji
Utopía	Ütopya

Ciudad
Kasaba

Aeropuerto	Havalimani
Banco	Banka
Biblioteca	Kütüphane
Cine	Sinema
Clínica	Klinik
Escuela	Okul
Estadio	Stadyum
Farmacia	Eczane
Florista	Çiçekçi
Galería	Galeri
Hotel	Otel
Librería	Kitapçi
Mercado	Pazar
Museo	Müze
Panadería	Firin
Restaurante	Restoran
Supermercado	Süpermarket
Teatro	Tiyatro
Tienda	Mağaza
Universidad	Üniversite

Clima
Hava

Atmósfera	Atmosfer
Brisa	Esinti
Cielo	Gökyüzü
Clima	Iklim
Hielo	Buz
Inundación	Sel
Monzón	Muson
Niebla	Sis
Nube	Bulut
Nublado	Bulutlu
Polar	Kutup
Rayo	Yildirim
Seco	Kuru
Sequía	Kuraklik
Temperatura	Sicaklik
Tormenta	Firtina
Tornado	Kasirga
Tropical	Tropik
Trueno	Gök Gürültüsü
Viento	Rüzgâr

Cocina
Mutfak

Caldera	Kazan
Comer	Yemek
Comida	Gida
Congelador	Dondurucu
Cucharas	Kaşik
Cucharón	Kepçe
Cuchillos	Biçak
Delantal	Önlük
Especias	Baharat
Esponja	Sünger
Horno	Firin
Jarra	Sürahi
Parrilla	Izgara
Refrigerador	Buzdolabi
Servilleta	Peçete
Tarro	Kavanoz
Tazas	Bardak
Tazón	Tas
Tenedores	Çatallar

Comida #1
Yemek #1

Ajo	Sarimsak
Albahaca	Fesleğen
Atún	Balik
Azúcar	Şeker
Canela	Tarçin
Carne	Et
Cebada	Arpa
Cebolla	Soğan
Ensalada	Salata
Espinacas	Ispanak
Fresa	Çilek
Jugo	Meyve Suyu
Leche	Süt
Limón	Limon
Menta	Nane
Nabo	Şalgam
Pera	Armut
Sal	Tuz
Sopa	Çorba
Zanahoria	Havuç

Comida #2
Yemek #2

Alcachofa	Enginar
Almendra	Badem
Apio	Kereviz
Arroz	Pirinç
Berenjena	Patlican
Cereza	Kiraz
Chocolate	Çikolata
Girasol	Ayçiçeği
Huevo	Yumurta
Jengibre	Zencefil
Kiwi	Kivi
Manzana	Elma
Pan	Ekmek
Plátano	Muz
Pollo	Tavuk
Queso	Peynir
Tomate	Domates
Trigo	Buğday
Uva	Üzüm
Yogur	Yoğurt

Conducindo

Sürüş

Accidente	Kaza
Calle	Sokak
Camión	Kamyon
Coche	Araba
Combustible	Yakit
Frenos	Frenler
Garaje	Garaj
Gas	Gaz
Licencia	Lisans
Mapa	Harita
Motocicleta	Motosiklet
Motor	Motor
Peatonal	Yaya
Peligro	Tehlike
Policía	Polis
Seguridad	Emniyet
Transporte	Taşimacilik
Tráfico	Trafik
Túnel	Tünel
Velocidad	Hiz

Cuerpo Humano

İnsan Vücudu

Barbilla	Çene
Boca	Ağiz
Cabeza	Baş
Cara	Yüz
Cerebro	Beyin
Codo	Dirsek
Corazón	Kalp
Cuello	Boyun
Dedo	Parmak
Hombro	Omuz
Lengua	Dil
Mano	El
Nariz	Burun
Ojo	Göz
Oreja	Kulak
Piel	Cilt
Pierna	Bacak
Rodilla	Diz
Sangre	Kan
Tobillo	Ayak Bileği

Deportes

Spor

Atleta	Atlet
Árbitro	Hakem
Baloncesto	Basketbol
Béisbol	Beyzbol
Bicicleta	Bisiklet
Campeonato	Şampiyon
Entrenador	Koç
Equipo	Takim
Estadio	Stadyum
Ganador	Kazanan
Gimnasia	Jimnastik
Gimnasio	Salon
Golf	Golf
Hockey	Hokey
Juego	Oyun
Jugador	Oyuncu
Movimiento	Hareket
Tenis	Tenis

Diplomacia

Diplomasi

Asesor	Danişman
Campañas	Kampanya
Comunidad	Topluluk
Conflicto	Çekişme
Cooperación	İşbirliği
Diplomático	Diplomatik
Discusión	Tartişma
Embajada	Elçilik
Embajador	Büyükelçi
Extranjero	Yabanci
Ética	Etik
Gobierno	Hükümet
Humanitario	İnsani
Idiomas	Diller
Integridad	Bütünlük
Justicia	Adalet
Política	Siyaset
Seguridad	Güvenlik
Solución	Çözüm
Tratado	Antlaşma

Disciplinas Científicas

Bilimsel Disiplinler

Anatomía	Anatomi
Arqueología	Arkeoloji
Astronomía	Astronomi
Biología	Biyoloji
Bioquímica	Biyokimya
Botánica	Botanik
Ecología	Ekoloji
Fisiología	Fizyoloji
Geología	Jeoloji
Inmunología	İmmünoloji
Lingüística	Dilbilim
Mecánica	Mekanik
Meteorología	Meteoroloji
Mineralogía	Mineraloji
Neurología	Nöroloji
Psicología	Psikoloji
Química	Kimya
Sociología	Sosyoloji
Termodinámica	Termodinamik
Zoología	Zooloji

Días y Meses

Günler ve Aylar

Abril	Nisan
Agosto	Ağustos
Año	Yil
Calendario	Takvim
Domingo	Pazar
Enero	Ocak
Febrero	Şubat
Jueves	Perşembe
Julio	Temmuz
Junio	Haziran
Lunes	Pazartesi
Martes	Sali
Mes	Ay
Miércoles	Çarşamba
Noviembre	Kasim
Octubre	Ekim
Sábado	Cumartesi
Semana	Hafta
Septiembre	Eylül
Viernes	Cuma

Edificios
Site

Albergue	Pansiyon
Apartamento	Apartman
Castillo	Kale
Cine	Sinema
Embajada	Elçilik
Escuela	Okul
Estadio	Stadyum
Fábrica	Fabrika
Garaje	Garaj
Granero	Ahir
Granja	Çiftlik
Hospital	Hastane
Hotel	Otel
Laboratorio	Laboratuvar
Museo	Müze
Observatorio	Rasathane
Supermercado	Süpermarket
Teatro	Tiyatro
Torre	Kule
Universidad	Üniversite

Electricidad
Elektrik

Almacenamiento	Depolama
Batería	Pil
Bombilla	Ampul
Cable	Kablo
Cables	Teller
Electricista	Elektrikçi
Eléctrico	Elektrik
Enchufe	Yuva
Generador	Jeneratör
Imán	Miknatis
Lámpara	Lamba
Láser	Lazer
Negativo	Olumsuz
Objetos	Nesne
Positivo	Pozitif
Red	Ağ
Televisión	Televizyon
Teléfono	Telefon

Emociones
Duygular

Aburrimiento	Sikinti
Agradecido	Minnettar
Alegría	Sevinç
Alivio	Rahatlama
Amor	Aşk
Beatitud	Mutluluk
Bondad	Nezaket
Calma	Sakin
Emocionado	Heyecanli
Ira	Öfke
Miedo	Korku
Paz	Bariş
Relajado	Rahat
Satisfecho	Memnun
Simpatía	Sempati
Sorpresa	Sürpriz
Ternura	Hassasiyet
Tranquilidad	Huzur
Tristeza	Üzüntü

Energía
Enerji

Batería	Pil
Calor	Isi
Carbono	Karbon
Combustible	Yakit
Contaminación	Kirlilik
Diesel	Mazot
Electrón	Elektron
Eléctrico	Elektrik
Entropía	Entropi
Fotón	Foton
Gasolina	Benzin
Hidrógeno	Hidrojen
Industria	Endüstri
Motor	Motor
Nuclear	Nükleer
Renovable	Yenilenebilir
Sol	Güneş
Turbina	Türbin
Vapor	Buhar
Viento	Rüzgar

Enfermedad
Hastalık

Agudo	Akut
Alergias	Alerjiler
Bacteriano	Bakteriyel
Contagioso	Bulaşici
Corazón	Kalp
Crónica	Kronik
Cuerpo	Vücut
Débil	Zayif
Genético	Genetik
Hereditario	Kalitsal
Huesos	Kemikler
Inflamación	İltihap
Inmunidad	Bağişiklik
Lumbar	Lomber
Neuropatía	Nöropati
Patógenos	Patojenler
Respiratorio	Solunum
Salud	Sağlik
Síndrome	Sendrom
Terapia	Terapi

Especias
Baharat

Agrio	Ekşi
Ajo	Sarimsak
Amargo	Aci
Anís	Anason
Azafrán	Safran
Canela	Tarçin
Cebolla	Soğan
Clavo	Karanfil
Comino	Kimyon
Curry	Köri
Dulce	Tatli
Hinojo	Rezene
Jengibre	Zencefil
Nuez Moscada	Ceviz
Pimentón	Kirmizi Biber
Pimienta	Biber
Regaliz	Meyan
Sabor	Lezzet
Sal	Tuz
Vainilla	Vanilya

Ética
Etik

Altruismo	Özgecilik
Bondad	Nezaket
Compasión	Merhamet
Cooperación	İşbirliği
Dignidad	Haysiyet
Diplomático	Diplomatik
Filosofía	Felsefe
Honestidad	Dürüstlük
Humanidad	İnsanlik
Individualismo	Bireycilik
Integridad	Bütünlük
Optimismo	Iyimserlik
Paciencia	Sabir
Racionalidad	Rasyonalite
Razonable	Makul
Realismo	Gerçekçilik
Respetuoso	Saygili
Sabiduría	Bilgelik
Tolerancia	Tolerans
Valores	Değerler

Familia
Aile

Abuela	Büyükanne
Abuelo	Büyük Baba
Antepasado	Ata
Esposa	Kadin Eş
Gemelos	İkizler
Hermana	Kiz Kardeş
Hermano	Erkek Kardeş
Hija	Kiz Evlat
Infancia	Çocukluk
Madre	Anne
Marido	Koca
Nieto	Torun
Niño	Çocuk
Niños	Çocuklar
Padre	Baba
Primo	Kuzen
Sobrina	Yeğen
Sobrino	Erkek Yeğen
Tía	Teyze
Tío	Amca

Física
Fizikçi

Aceleración	Hizlanma
Átomo	Atom
Caos	Kaos
Densidad	Yoğunluk
Electrón	Elektron
Fórmula	Formül
Frecuencia	Siklik
Gas	Gaz
Gravedad	Yerçekimi
Magnetismo	Manyetizma
Masa	Kitle
Mecánica	Mekanik
Molécula	Molekül
Motor	Motor
Nuclear	Nükleer
Partícula	Partikül
Químico	Kimyasal
Relatividad	Görelilik
Universal	Evrensel
Velocidad	Hiz

Flores
Çiçekler

Amapola	Haşhaş
Diente de León	Karahindiba
Gardenia	Gardenya
Girasol	Ayçiçeği
Hibisco	Ebegümeci
Jazmín	Yasemin
Lavanda	Lavanta
Lila	Leylak
Lirio	Zambak
Magnolia	Manolya
Margarita	Papatya
Narciso	Nergis
Orquídea	Orkide
Pasionaria	Çarkifelek
Peonía	Şakayik
Pétalo	Yaprak
Ramo	Buket
Rosa	Gül
Trébol	Yonca
Tulipán	Lale

Formas
Şekilliler

Arco	Ark
Bordes	Kenarlar
Cilindro	Silindir
Círculo	Daire
Cono	Koni
Cuadrado	Kare
Cubo	Küp
Curva	Eğri
Elipse	Elips
Esfera	Küre
Esquina	Köşe
Hipérbola	Hiperbol
Lado	Yan
Línea	Sira
Oval	Oval
Pirámide	Piramit
Polígono	Çokgen
Prisma	Prizma
Rectángulo	Dikdörtgen
Triángulo	Üçgen

Fruta
Meyve

Aguacate	Avokado
Albaricoque	Kayisi
Baya	Dut
Cereza	Kiraz
Ciruela	Erik
Frambuesa	Ahududu
Guayaba	Guava
Kiwi	Kivi
Limón	Limon
Mango	Mango
Manzana	Elma
Melocotón	Şeftali
Melón	Kavun
Naranja	Turuncu
Nectarina	Nektar
Papaya	Papaya
Pera	Armut
Piña	Ananas
Plátano	Muz
Uva	Üzüm

Fuerza y Gravedad
Kuvvet ve Yerçekimi

Centro	Merkez
Descubrimiento	Keşif
Dinámico	Dinamik
Distancia	Mesafe
Eje	Eksen
Expansión	Genişleme
Física	Fizik
Fricción	Sürtünme
Magnetismo	Manyetizma
Magnitud	Büyüklük
Mecánica	Mekanik
Movimiento	Hareket
Órbita	Yörünge
Peso	Ağirlik
Planetas	Gezegenler
Presión	Basinç
Propiedades	Özellikler
Tiempo	Zaman
Universal	Evrensel
Velocidad	Hiz

Geografía
Coğrafya

Altitud	Rakim
Atlas	Atlas
Ciudad	Kent
Continente	Kita
Ecuador	Ekvator
Hemisferio	Yarimküre
Isla	Ada
Latitud	Enlem
Longitud	Boylam
Mapa	Harita
Mar	Deniz
Meridiano	Meridyen
Montaña	Dağ
Mundo	Dünya
Norte	Kuzey
Oeste	Bati
País	Ülke
Río	Nehir
Sur	Güney
Territorio	Bölge

Geología
Jeoloji

Ácido	Asit
Calcio	Kalsiyum
Capa	Katman
Caverna	Mağara
Continente	Kita
Coral	Mercan
Cristales	Kristaller
Cuarzo	Kuvars
Erosión	Erozyon
Estalactita	Sarkit
Fósil	Fosil
Géiser	Gayzer
Lava	Lav
Meseta	Yayla
Minerales	Mineraller
Piedra	Taş
Sal	Tuz
Terremoto	Deprem
Volcán	Volkan
Zona	Bölge

Geometría
Geometri

Altura	Yükseklik
Ángulo	Açi
Cálculo	Hesaplama
Curva	Eğri
Diámetro	Çap
Dimensión	Boyut
Ecuación	Denklem
Horizontal	Yatay
Lógica	Mantik
Masa	Kitle
Mediana	Medyan
Número	Numara
Paralelo	Koşut
Proporción	Oran
Segmento	Bölüm
Simetría	Simetri
Superficie	Yüzey
Teoría	Teori
Triángulo	Üçgen
Vertical	Dikey

Gobierno
Devlet

Ciudadanía	Vatandaşlik
Civil	Sivil
Constitución	Anayasa
Democracia	Demokrasi
Discurso	Konuşma
Discusión	Tartişma
Distrito	Bölge
Estado	Devlet
Igualdad	Eşitlik
Independencia	Bağimsizlik
Judicial	Adli
Justicia	Adalet
Ley	Kanun
Libertad	Özgürlük
Líder	Lider
Monumento	Anit
Nacional	Ulusal
Nación	Ulus
Política	Siyaset
Símbolo	Sembol

Granja #1
Çiftlik #1

Abeja	Ari
Agricultura	Tarim
Agua	Su
Arroz	Pirinç
Burro	Eşek
Caballo	At
Cabra	Keçi
Campo	Alan
Cuervo	Karga
Fertilizante	Gübre
Gato	Kedi
Heno	Saman
Miel	Bal
Perro	Köpek
Pollo	Tavuk
Semillas	Tohum
Ternero	Buzaği
Tierra	Kara
Vaca	İnek
Valla	Çit

Granja #2
Çiftlik #2

Agricultor	Çiftçi
Animales	Hayvanlar
Cebada	Arpa
Colmena	Kovan
Comida	Gida
Cordero	Kuzu
Fruta	Meyve
Granero	Ahir
Huerto	Bahçe
Leche	Süt
Llama	Lama
Maíz	Misir
Oveja	Koyun
Pastor	Çoban
Pato	Ördek
Prado	Çayir
Riego	Sulama
Tractor	Traktör
Trigo	Buğday
Vegetal	Sebze

Herboristería
Bitkicilik

Ajo	Sarimsak
Albahaca	Fesleğen
Aromático	Aromatik
Azafrán	Safran
Calidad	Kalite
Culinario	Mutfak
Eneldo	Dereotu
Estragón	Tarhun
Flor	Çiçek
Hinojo	Rezene
Ingrediente	Içerik
Jardín	Bahçe
Lavanda	Lavanta
Mejorana	Mercanköşk
Menta	Nane
Perejil	Maydanoz
Planta	Bitki
Romero	Biberiye
Sabor	Lezzet
Verde	Yeşil

Ingeniería
Mühendislik

Ángulo	Açi
Cálculo	Hesaplama
Diagrama	Diyagram
Diámetro	Çap
Diesel	Mazot
Distribución	Dağitim
Eje	Eksen
Energía	Enerji
Estabilidad	Sebat
Estructura	Yapi
Fricción	Sürtünme
Fuerza	Kuvvet
Líquido	Sivi
Máquina	Makine
Medición	Ölçüm
Motor	Motor
Movimiento	Hareket
Palancas	Kol
Profundidad	Derinlik
Rotación	Rotasyon

Insectos
Böcekler

Abeja	Ari
Avispa	Yaban Arisi
Áfido	Yaprakdid
Cigarra	Ağustosböceği
Escarabajo	Böcek
Gusano	Solucan
Hormiga	Karinca
Langosta	Keçiboynuzu
Larva	Larva
Libélula	Yusufçuk
Mantis	Mantis
Mariposa	Kelebek
Mariquita	Uğur Böceği
Mosquito	Sivrisinek
Polilla	Güve
Pulga	Pire
Saltamontes	Çekirge
Termita	Termit

Instrumentos Musicales
Enstrüman

Arpa	Arp
Banjo	Banço
Baquetas	Baget
Clarinete	Klarnet
Fagot	Fagot
Flauta	Flüt
Gong	Gong
Guitarra	Gitar
Mandolina	Mandolin
Marimba	Marimba
Oboe	Obua
Pandereta	Tef
Percusión	Vurma
Piano	Piyano
Saxofón	Saksafon
Tambor	Davul
Trombón	Trombon
Trompeta	Trompet
Violín	Keman
Violonchelo	Çello

Jardinería
Bahçıvanlık

Agua	Su
Botánico	Botanik
Clima	Iklim
Comestible	Yenilebilir
Compost	Kompost
Contenedor	Konteyner
Estacional	Mevsimlik
Exótico	Egzotik
Floral	Çiçek
Follaje	Yeşillik
Hoja	Yaprak
Huerto	Bahçe
Humedad	Nem
Manguera	Hortum
Ramo	Buket
Semillas	Tohum
Suciedad	Kir
Suelo	Toprak

Jardín
Bahçe

Arbusto	Çali
Árbol	Ağaç
Banco	Bank
Estanque	Gölet
Flor	Çiçek
Garaje	Garaj
Hamaca	Hamak
Hierba	Çimen
Jardín	Bahçe
Malezas	Otlar
Manguera	Hortum
Pala	Kürek
Porche	Veranda
Rastrillo	Tirmik
Suelo	Toprak
Terraza	Teras
Trampolín	Trambolin
Valla	Çit
Vid	Asma

Jazz
Cazcı

Artista	Sanatçi
Álbum	Albüm
Canción	Şarki
Composición	Kompozisyon
Compositor	Besteci
Concierto	Konser
Estilo	Tarz
Énfasis	Vurgu
Famoso	Ünlü
Género	Tür
Improvisación	Doğaçlama
Música	Müzik
Músicos	Müzisyenler
Nuevo	Yeni
Orquesta	Orkestra
Ritmo	Ritim
Talento	Yetenek
Tambores	Davul
Técnica	Teknik
Viejo	Yaş

La Empresa
Şirket

Calidad	Kalite
Creativo	Yaratici
Decisión	Karar
Empleo	Iş
Global	Küresel
Industria	Endüstri
Ingresos	Gelir
Innovador	Yenilikçi
Inversión	Yatirim
Posibilidad	Olasilik
Presentación	Sunum
Producto	Ürün
Profesional	Profesyonel
Progreso	Ilerleme
Recursos	Kaynaklar
Reputación	Itibar
Riesgos	Riskler
Salarios	Ücretler
Unidades	Birimler

Libros
Kitaplar

Autor	Yazar
Aventura	Macera
Colección	Koleksiyon
Contexto	Bağlam
Dualidad	İkilik
Escrito	Yazili
Historia	Öykü
Histórico	Tarih
Humorístico	Mizahi
Inmersión	Daldirma
Inventivo	Yaratici
Lector	Okuyucu
Literario	Edebî
Narrador	Anlatici
Novela	Roman
Página	Sayfa
Pertinente	İlgili
Poema	Şiir
Serie	Dizi
Trágico	Trajik

Literatura
Edebiyat

Analogía	Analoji
Análisis	Analiz
Anécdota	Anekdot
Autor	Yazar
Biografía	Biyografi
Comparación	Karşilaştirma
Conclusión	Sonuç
Descripción	Tanim
Diálogo	Diyalog
Estilo	Tarz
Ficción	Kurgu
Metáfora	Mecaz
Narrador	Anlatici
Novela	Roman
Poema	Şiir
Poético	Şiirsel
Rima	Kafiye
Ritmo	Ritim
Tema	Tema
Tragedia	Trajedi

Mamíferos
Memeliler

Ballena	Balina
Burro	Eşek
Caballo	At
Camello	Deve
Canguro	Kanguru
Cebra	Zebra
Conejo	Tavşan
Coyote	Çakal
Delfín	Yunus
Elefante	Fil
Gato	Kedi
Gorila	Goril
Jirafa	Zürafa
Lobo	Kurt
Mono	Maymun
Oso	Ayi
Oveja	Koyun
Perro	Köpek
Toro	Boğa
Zorro	Tilki

Matemáticas

Matematik

Aritmética	Aritmetik
Ángulos	Açilar
Cuadrado	Kare
Decimal	Ondalik
Diámetro	Çap
Ecuación	Denklem
Esfera	Küre
Exponente	Üs
Fracción	Kesir
Geometría	Geometri
Números	Sayilar
Paralelo	Koşut
Paralelogramo	Paralelkenar
Perímetro	Çevre
Polígono	Çokgen
Radio	Yariçap
Rectángulo	Dikdörtgen
Simetría	Simetri
Triángulo	Üçgen
Volumen	Hacim

Mediciones

Ölçümler

Altura	Yükseklik
Ancho	Genişlik
Byte	Bayt
Centímetro	Santimetre
Decimal	Ondalik
Grado	Derece
Gramo	Gram
Kilogramo	Kilogram
Kilómetro	Kilometre
Litro	Litre
Longitud	Uzunluk
Masa	Kitle
Metro	Metre
Minuto	Dakika
Onza	Ons
Peso	Ağirlik
Profundidad	Derinlik
Pulgada	İnç
Tonelada	Ton
Volumen	Hacim

Meditación

Meditasyon

Aceptación	Kabul
Bondad	Nezaket
Calma	Sakin
Claridad	Açiklik
Compasión	Merhamet
Emociones	Duygular
Felicidad	Mutluluk
Gratitud	Minnettarlik
Mental	Zihinsel
Mente	Akil
Movimiento	Hareket
Música	Müzik
Naturaleza	Doğa
Observación	Gözlem
Paz	Bariş
Pensamientos	Düşünceler
Perspectiva	Perspektif
Postura	Duruş
Respiración	Nefes Alma
Silencio	Sessizlik

Mitología

Mitoloji

Arquetipo	Numune
Celos	Kiskançlik
Cielo	Cennet
Comportamiento	Davraniş
Creación	Yaratiliş
Creencias	Inanç
Criatura	Yaratik
Cultura	Kültür
Desastre	Felaket
Fuerza	Kuvvet
Guerrero	Savaşçi
Héroe	Kahraman
Inmortalidad	Ölümsüzlük
Laberinto	Labirent
Leyenda	Efsane
Monstruo	Canavar
Mortal	Ölümlü
Rayo	Yildirim
Trueno	Gök Gürültüsü
Venganza	Intikam

Música

Müzik

Armonía	Ahenk
Armónico	Harmonik
Álbum	Albüm
Cantante	Şarkici
Clásico	Klasik
Coro	Koro
Grabación	Kayit
Improvisar	Doğaçlama
Instrumento	Enstrüman
Lírico	Lirik
Melodía	Melodi
Micrófono	Mikrofon
Musical	Müzikal
Músico	Müzisyen
Ópera	Opera
Poético	Şiirsel
Ritmo	Ritim
Rítmico	Ritmik
Tempo	Tempo
Vocal	Vokal

Naturaleza

Doğa

Abejas	Arlar
Animales	Hayvanlar
Ártico	Arktik
Belleza	Güzellik
Bosque	Orman
Desierto	Çöl
Dinámico	Dinamik
Erosión	Erozyon
Follaje	Yeşillik
Glaciar	Buzul
Montañas	Dağlar
Niebla	Sis
Nubes	Bulutlar
Pacífico	Huzurlu
Río	Nehir
Salvaje	Vahşi
Santuario	Barinak
Sereno	Sakin
Tropical	Tropikal
Vital	Hayati

Negocio
İşletme

Carrera	Kariyer
Costo	Maliyet
Descuento	Indirim
Dinero	Para
Economía	Ekonomi
Empleado	Çalişan
Empleador	Işveren
Empresa	Şirket
Fábrica	Fabrika
Impuestos	Vergi
Inversión	Yatirim
Mercancía	Mal
Moneda	Para Birimi
Oficina	Ofis
Personal	Personel
Presupuesto	Bütçe
Tienda	Dükkan
Trabajo	İş
Transacción	Işlem
Venta	Satiş

Nutrición
Beslenme

Amargo	Aci
Apetito	Iştah
Calidad	Kalite
Calorías	Kalori
Comestible	Yenilebilir
Dieta	Diyet
Digestión	Sindirim
Equilibrado	Dengeli
Fermentación	Fermantasyon
Hábitos	Alişkanliklar
Líquidos	Sivilar
Nutriente	Besin
Peso	Ağirlik
Proteínas	Protein
Sabor	Lezzet
Salsa	Sos
Salud	Sağlik
Saludable	Sağlikli
Toxina	Toksin
Vitamina	Vitamini

Números
Şiir

Catorce	On Dört
Cero	Sifir
Cinco	Beş
Cuatro	Dört
Decimal	Ondalik
Diecinueve	On Dokuz
Dieciocho	Onsekiz
Dieciséis	On Alti
Diecisiete	On Yedi
Diez	On
Doce	On Iki
Dos	2
Nueve	Dokuz
Ocho	Sekiz
Seis	Alti
Siete	Yedi
Trece	On Üç
Tres	Üç
Uno	Bir
Veinte	Yirmi

Océano
Okyanus

Alga	Yosun
Anguila	Yilan Baliği
Arrecife	Resif
Ballena	Balina
Barco	Bot
Camarón	Karides
Cangrejo	Yengeç
Coral	Mercan
Delfín	Yunus
Esponja	Sünger
Mareas	Gelgit
Medusa	Denizanasi
Olas	Dalgalar
Ostra	İstiridye
Pescado	Balik
Pulpo	Ahtapot
Sal	Tuz
Tiburón	Köpekbaliği
Tormenta	Firtina
Tortuga	Kaplumbağa

Paisajes
Manzaralar

Cascada	Şelale
Cueva	Mağara
Desierto	Çöl
Estuario	Haliç
Géiser	Gayzer
Glaciar	Buzul
Iceberg	Buzdaği
Isla	Ada
Lago	Göl
Laguna	Lagün
Mar	Deniz
Montaña	Dağ
Oasis	Vaha
Pantano	Bataklik
Península	Yarimada
Playa	Plaj
Río	Nehir
Tundra	Tundra
Valle	Vadi
Volcán	Volkan

Países #1
Ülkeler #1

Alemania	Almanya
Argentina	Arjantin
Bélgica	Belçika
Brasil	Brezilya
Canadá	Kanada
Ecuador	Ekvador
Egipto	Misir
España	İspanya
Filipinas	Filipinler
Honduras	Honduras
India	Hindistan
Italia	İtalya
Libia	Libya
Malí	Mali
Marruecos	Fas
Nicaragua	Nikaragua
Noruega	Norveç
Panamá	Panama
Polonia	Polonya
Venezuela	Venezuela

Países #2
Ülkeler #2

Albania	Arnavutluk
Australia	Avustralya
Austria	Avusturya
Dinamarca	Danimarka
Etiopía	Etiyopya
Francia	Fransa
Grecia	Yunanistan
Indonesia	Endonezya
Irlanda	İrlanda
Jamaica	Jamaika
Japón	Japonya
Laos	Laos
México	Meksika
Pakistán	Pakistan
Portugal	Portekiz
Rusia	Rusya
Siria	Suriye
Sudán	Sudan
Ucrania	Ukrayna
Uganda	Uganda

Pájaros
Kuşlar

Avestruz	Devekuşu
Águila	Kartal
Cigüeña	Leylek
Cisne	Kuğu
Cuco	Guguk
Cuervo	Karga
Flamenco	Flamingo
Ganso	Kaz
Garza	Balikçil
Gaviota	Marti
Gorrión	Serçe
Halcón	Şahin
Huevo	Yumurta
Loro	Papağan
Paloma	Güvercin
Pato	Ördek
Pelícano	Pelikan
Pingüino	Penguen
Pollo	Tavuk
Tucán	Tukan

Plantas
Bitkiler

Arbusto	Çali
Árbol	Ağaç
Bambú	Bambu
Baya	Dut
Bosque	Orman
Botánica	Botanik
Cactus	Kaktüs
Fertilizante	Gübre
Flor	Çiçek
Flora	Flora
Follaje	Yeşillik
Frijol	Fasulye
Hiedra	Sarmaşik
Hierba	Ot
Jardín	Bahçe
Musgo	Yosun
Pétalo	Yaprak
Raíz	Kök
Sol	Güneş
Vegetación	Bitki Örtüsü

Política
Siyaset

Activista	Aktivist
Campaña	Kampanya
Candidato	Aday
Comité	Komite
Consejo	Konsey
Elección	Seçim
Estrategia	Strateji
Ética	Etik
Gobierno	Hükümet
Igualdad	Eşitlik
Impuestos	Vergi
Libertad	Özgürlük
Nacional	Ulusal
Opinión	Görüş
Política	Politika
Político	Politikaci
Popularidad	Popülerlik
Victoria	Zafer

Profesiones #1
Meslekler #1

Abogado	Avukat
Astrónomo	Astronom
Atleta	Atlet
Bailarín	Dansçi
Banquero	Bankaci
Bombero	Itfaiyeci
Cartógrafo	Haritaci
Cazador	Avci
Doctor	Doktor
Editor	Editör
Embajador	Büyükelçi
Enfermera	Hemşire
Entrenador	Koç
Fontanero	Tesisatçi
Geólogo	Jeolog
Joyero	Kuyumcu
Músico	Müzisyen
Pianista	Piyanist
Psicólogo	Psikolog
Veterinario	Veteriner

Profesiones #2
Meslekler #2

Astronauta	Astronot
Bibliotecario	Kütüphane
Biólogo	Biyolog
Cirujano	Cerrah
Dentista	Dişçi
Detective	Dedektif
Filósofo	Filozof
Fotógrafo	Fotoğrafçi
Ilustrador	Çizer
Ingeniero	Mühendis
Inventor	Mucit
Investigador	Araştirmaci
Jardinero	Bahçivan
Lingüista	Dilbilimci
Médico	Doktor
Periodista	Gazeteci
Piloto	Pilot
Pintor	Ressam
Profesor	Öğretmen
Zoólogo	Zoolog

Psicología
Psikoloji

Cita	Randevu
Clínico	Klinik
Cognición	Biliş
Comportamiento	Davraniş
Conflicto	Çekişme
Ego	Ego
Emociones	Duygular
Evaluación	Değerlendirme
Ideas	Fikirler
Inconsciente	Bilinçsiz
Infancia	Çocukluk
Pensamientos	Düşünceler
Percepción	Algi
Personalidad	Kişilik
Problema	Sorun
Realidad	Gerçeklik
Sensación	His
Subconsciente	Bilinçalti
Sueños	Hayal
Terapia	Terapi

Química
Kimya

Alcalino	Alkali
Ácido	Asit
Calor	Isi
Carbono	Karbon
Catalizador	Katalizör
Cloro	Klor
Electrón	Elektron
Enzima	Enzim
Gas	Gaz
Hidrógeno	Hidrojen
Ion	İyon
Líquido	Sivi
Metales	Metal
Molécula	Molekül
Nuclear	Nükleer
Oxígeno	Oksijen
Peso	Ağirlik
Reacción	Reaksiyon
Sal	Tuz
Temperatura	Sicaklik

Rellenar
Doldurmak

Bandeja	Tepsi
Bañera	Küvet
Barril	Fiçi
Bolsa	Çanta
Bolsillo	Cep
Botella	Şişe
Caja	Kutu
Cajón	Çekmece
Carpeta	Klasör
Cartón	Karton
Cesta	Sepet
Cubo	Kova
Cuenca	Havza
Jarrón	Vazo
Maleta	Bavul
Paquete	Paket
Sobre	Zarf
Tarro	Kavanoz
Tubo	Tüp

Restaurante #1
1 Numaralı Restoran

Alergia	Alerji
Café	Kahve
Camarera	Bayan Garson
Carne	Et
Cocina	Mutfak
Comer	Yemek
Comida	Gida
Cuchillo	Biçak
Menú	Menü
Pan	Ekmek
Picante	Baharatli
Plato	Tabak
Pollo	Tavuk
Postre	Tatli
Reserva	Rezervasyon
Salsa	Sos
Servilleta	Peçete
Tazón	Tas

Restaurante #2
Restoran #2

Agua	Su
Aperitivo	Meze
Camarero	Garson
Cuchara	Kaşik
Delicioso	Lezzetli
Ensalada	Salata
Especias	Baharat
Fideos	Erişte
Fruta	Meyve
Hielo	Buz
Huevos	Yumurta
Pastel	Kek
Pescado	Balik
Sal	Tuz
Silla	Sandalye
Sopa	Çorba
Tenedor	Çatal
Verduras	Sebzeler

Ropa
Giyim

Blusa	Bluz
Bufanda	Eşarp
Calcetines	Çorap
Camisa	Gömlek
Chaqueta	Ceket
Cinturón	Kemer
Collar	Kolye
Delantal	Önlük
Falda	Etek
Guantes	Eldivenler
Joyas	Taki
Moda	Moda
Pantalones	Pantolon
Pijama	Pijama
Pulsera	Bilezik
Sandalias	Sandalet
Sombrero	Şapka
Suéter	Kazak
Vestido	Elbise
Zapato	Ayakkabi

Salud y Bienestar #1
Sağlık ve Zindelik #1

Activo	Etkin
Altura	Yükseklik
Bacterias	Bakteri
Clínica	Klinik
Doctor	Doktor
Farmacia	Eczane
Fractura	Kirik
Hambre	Açlik
Hábito	Alişkanlik
Hormonas	Hormon
Huesos	Kemikler
Medicina	İlaç
Músculos	Kaslar
Piel	Cilt
Postura	Duruş
Reflejo	Refleks
Relajación	Rahatlama
Terapia	Terapi
Tratamiento	Tedavi
Virus	Virüs

Salud y Bienestar #2
Sağlık ve Zindelik #2

Alergia	Alerji
Anatomía	Anatomi
Apetito	Iştah
Caloría	Kalori
Dieta	Diyet
Digestión	Sindirim
Energía	Enerji
Enfermedad	Hastalik
Estrés	Stres
Genética	Genetik
Higiene	Hijyen
Hospital	Hastane
Infección	Enfeksiyon
Masaje	Masaj
Nutrición	Beslenme
Peso	Ağirlik
Recuperación	Kurtarma
Saludable	Sağlikli
Sangre	Kan
Vitamina	Vitamini

Suministros de Arte
Sanat Malzemeleri

Aceite	Yağ
Acrílico	Akrilik
Acuarelas	Suluboya
Agua	Su
Arcilla	Kil
Borrador	Silgi
Caballete	Şövale
Cámara	Kamera
Cepillos	Firçalar
Colores	Renk
Creatividad	Yaraticilik
Ideas	Fikirler
Lápices	Kalemler
Mesa	Masa
Papel	Kâğit
Pasteles	Pastel
Pegamento	Tutkal
Silla	Sandalye
Tinta	Mürekkep

Tecnología
Teknoloji

Archivo	Dosya
Blog	Blog
Bytes	Bayt
Cámara	Kamera
Cursor	İmleç
Datos	Veri
Digital	Dijital
Estadísticas	İstatistik
Internet	İnternet
Investigación	Araştirma
Mensaje	Mesaj
Navegador	Tarayici
Ordenador	Bilgisayar
Pantalla	Ekran
Seguridad	Güvenlik
Software	Yazilim
Virtual	Sanal
Virus	Virüs

Tiempo
Zaman

Ahora	Şimdi
Antes	Önce
Anual	Yillik
Año	Yil
Ayer	Dün
Calendario	Takvim
Década	On Yil
Día	Gün
Futuro	Gelecek
Hora	Saat
Hoy	Bugün
Mañana	Sabah
Mediodía	Öğle
Mes	Ay
Minuto	Dakika
Momento	An
Noche	Gece
Semana	Hafta
Siglo	Yüzyil
Temprano	Erken

Tipos de Cabello
Saç Tipleri

Blanco	Beyaz
Brillante	Parlak
Calvo	Kel
Coloreado	Renkli
Corto	Kisa
Delgada	Ince
Gris	Gri
Grueso	Kalin
Largo	Uzun
Marrón	Kahverengi
Negro	Siyah
Ondulado	Dalgali
Plata	Gümüş
Rizado	Kivircik
Rubio	Sarişin
Saludable	Sağlikli
Seco	Kuru
Suave	Yumuşak
Trenzado	Örgülü
Trenzas	Örgü

Universo
Evren

Astronomía	Astronomi
Astrónomo	Astronom
Atmósfera	Atmosfer
Celestial	Göksel
Cielo	Gökyüzü
Cósmico	Kozmik
Ecuador	Ekvator
Eón	Eon
Galaxia	Gökada
Hemisferio	Yarimküre
Horizonte	Ufuk
Latitud	Enlem
Longitud	Boylam
Luna	Ay
Oscuridad	Karanlik
Órbita	Yörünge
Solar	Güneş
Solsticio	Gündönümü
Telescopio	Teleskop
Visible	Görünür

Vacaciones #2
Tatil #2

Aeropuerto	Havalimani
Carpa	Çadir
Destino	Hedef
Extranjero	Yabanci
Fotos	Fotoğraflar
Hotel	Otel
Isla	Ada
Mapa	Harita
Mar	Deniz
Montañas	Dağlar
Ocio	Boş
Pasaporte	Pasaport
Playa	Plaj
Restaurante	Restoran
Taxi	Taksi
Transporte	Taşimacilik
Tren	Tren
Viaje	Seyahat
Visa	Vize

Vehículos
Araçlar

Ambulancia	Ambulans
Autobús	Otobüs
Avión	Uçak
Balsa	Sal
Barco	Bot
Bicicleta	Bisiklet
Camión	Kamyon
Caravana	Kervan
Coche	Araba
Cohete	Roket
Ferry	Feribot
Furgoneta	Van
Helicóptero	Helikopter
Metro	Metro
Motor	Motor
Neumáticos	Lastikler
Submarino	Denizalti
Taxi	Taksi
Tractor	Traktör
Tren	Tren

Verduras
Sebzeler

Ajo	Sarimsak
Alcachofa	Enginar
Apio	Kereviz
Berenjena	Patlican
Brócoli	Brokoli
Calabaza	Kabak
Cebolla	Soğan
Ensalada	Salata
Espinacas	Ispanak
Guisante	Bezelye
Jengibre	Zencefil
Nabo	Şalgam
Oliva	Zeytin
Patata	Patates
Pepino	Salatalik
Perejil	Maydanoz
Rábano	Turp
Seta	Mantar
Tomate	Domates
Zanahoria	Havuç

Enhorabuena

Lo has conseguido!

Esperamos que hayas disfrutado de este libro tanto como nosotros al diseñarlo. Nos esforzamos por crear libros de la máxima calidad posible.
Esta edición está diseñada para proporcionar un aprendizaje inteligente, de calidad y divertido!

¿Te ha gustado este libro?

Una Petición Sencilla

Estos libros existen gracias a las reseñas que se publican.
¿Podrías ayudarnos dejando una reseña ahora?
Aquí tienes un breve enlace a la página de reseñas

BestBooksActivity.com/Opiniones50

¡DESAFÍO FINAL!

Reto n°1

¿Estás listo para tu juego gratis? Los utilizamos siempre, pero no son tan fáciles de encontrar. ¡Aquí están los **Sinónimos**!
Escribe 5 palabras que hayas encontrado en los rompecabezas (#21, #36, #76) y trata de encontrar 2 sinónimos para cada palabra.

*Escriba 5 palabras del **Puzzle 21***

Palabras	Sinónimo 1	Sinónimo 2

*Escriba 5 palabras del **Puzzle 36***

Palabras	Sinónimo 1	Sinónimo 2

*Escriba 5 palabras del **Puzzle 76***

Palabras	Sinónimo 1	Sinónimo 2

Reto n°2

Ahora que te has calentado, escribe 5 palabras que hayas encontrado en los Puzzles 9, 17 y 25 e intenta encontrar 2 antónimos para cada palabra. ¿Cuántos puedes encontrar en 20 minutos?

Escriba 5 palabras del ***Puzzle 9***

Palabras	Antónimo 1	Antónimo 2

Escriba 5 palabras del ***Puzzle 17***

Palabras	Antónimo 1	Antónimo 2

Escriba 5 palabras del ***Puzzle 25***

Palabras	Antónimo 1	Antónimo 2

Reto n°3

¡Genial! Este desafío final  no es nada para ti.

¿Preparado para el reto final? Elige 10 palabras que hayas descubierto en los diferentes rompecabezas y escríbelas a continuación.

1.	6.
2.	7.
3.	8.
4.	9.
5.	10.

Ahora escribe un texto pensando en una persona, un animal o un lugar que te guste.

Puedes usar la última página de este libro como borrador.

Tu Composición:

CUADERNO DE NOTAS :

HASTA PRONTO !

Todo el Equipo

www.ingramcontent.com/pod-product-compliance
Lightning Source LLC
Chambersburg PA
CBHW082040120626
46553CB00011B/3229